聴ける！読める！書ける！話せる！

イタリア語
初歩の初歩

CDつき

▶カタコトフレーズ ▶場面別フレーズ ▶目的別フレーズ

高橋書店

●イタリアの州と都市

イタリアには20の州があります。おもな都市は以下のとおりです。

地域ラベル	都市

スイス / オーストリア / スロベニア / クロアチア / ボスニア・ヘルツェゴビナ / フランス

- ヴァッレ・ダオスタ
- ロンバルディア — ★ミラノ Milano
- トレンティーノ・アルト・アディジェ
- フリウリ・ヴェネツィア・ジュリア
- ヴェネツィア ★ Venezia
- ヴェネト
- ピエモンテ — ★トリノ Torino
- リグーリア — ★ジェノヴァ Genova
- エミリア・ロマーニャ — ★ボローニャ Bologna
- ピサ Pisa
- サン・マリノ
- トスカーナ — ★フィレンツェ Firenze
- マルケ
- ウンブリア — ●ペルージャ Perugia
- ヴァチカン市国
- ラツィオ — ★ローマ Roma
- アブルッツォ
- モリーゼ
- プーリア
- カンパーニャ — ★ナポリ Napoli
- カプリ島 Capri → アマルフィ Amalfi
- バジリカータ — ●マテーラ Matera
- ●アルベロベッロ Alberobello
- コルシカ島
- サルデーニャ
- カラブリア
- シチリア — ★パレルモ Palermo
- ●タオルミーナ Taormina

イタリア ITALIA

地中海 Mare Mediterraneo

★ おもな州都
● その他のおもな都市

はじめに

　みなさんは友だちを作る時、共通点が多いほうが楽だと思いませんか？　イタリアと日本は遠く何千キロも離れていますが、意外と似たところがあるんです。

　まずは「自然」です。どちらの国も細長い地形で、海に囲まれており、中央に山脈があります。面積と緯度もほとんど同じで、イタリアにも四季があります。そして「食」も似ています。地形が似ていることもあり、海の幸、山の幸が日本と同様に豊富で、北部には米の産地もあります。日本人は麺類が大好きですが、イタリア人も麺＝パスタをよく食べます。また、日本人と同様、イタリア人も美しいものに心ひかれます。アートや音楽など、「芸術」に関心が高いことも共通点でしょう。

　特に重要な共通点は、イタリア語と日本語の発音がよく似ていることです。日本人にとってもイタリア人にとっても、お互いに親しみやすい言語と言えます。ある説によれば、自然が言葉のつくりに影響を与えているそうです。

　イタリアには、日本が大好きで、日本語を勉強している人がたくさんいます。1978年にイタリアの国営放送局が初めて日本のアニメを放送しました。その時からアニメブームが始まり、おかげで日本の文化や料理についても広く知られるようになりました。和食のレストランも増え、特に寿司のレストランは、地方にまでたくさんあります。

　言語を学ぶことや文化交流は友情と同じで、共通点を探して見つけることがとても大切です。「違う」より「似ている」が多ければ、相手を受け入れやすくなる。言葉も同じです。似たところの多いイタリアの言語を学ぶのは、難しいことではありません。

　本書では旅先で困らないイタリア語の基礎が身に付きます。イタリア語を学習したら、ぜひイタリアを訪れてみてください。そして、難しく考えずに地元の人にどんどん話しかけて、会話を楽しみましょう。イタリア語でコミュニケーションをとれるようになれば、きっと旅は100倍楽しくなりますよ！

Antonio Maizza

本書の使い方

本書は、イタリア語の基礎をマスターするための入門書です。文法は日常会話で使われるものに絞り、シンプルな文型を中心に実用的な表現をまとめています。

PARTE 1　イタリア語の基礎知識

イタリア語の学習を進めるにあたって、まずは知っておきたい言語や国民性に関すること、文字や発音のポイントなど、ごく基礎的な知識を身に付けます。

PARTE 2　イタリア語の基本ルール

品詞ごとの特徴や形の変化など、イタリア語の基本ルールを学習します。また、これだけ覚えれば日常会話はOK、という3つの時制についてもまとめています。

PARTE 3　通じればOK! カタコトフレーズ

コミュニケーションの第一歩となるあいさつやお礼、返事など、そのまま覚えてすぐに使えるフレーズを紹介しています。

PARTE 4　その場で役立つ! 場面別フレーズ

イタリアを旅する設定で、場面ごとに役立つ表現や単語を身に付けます。

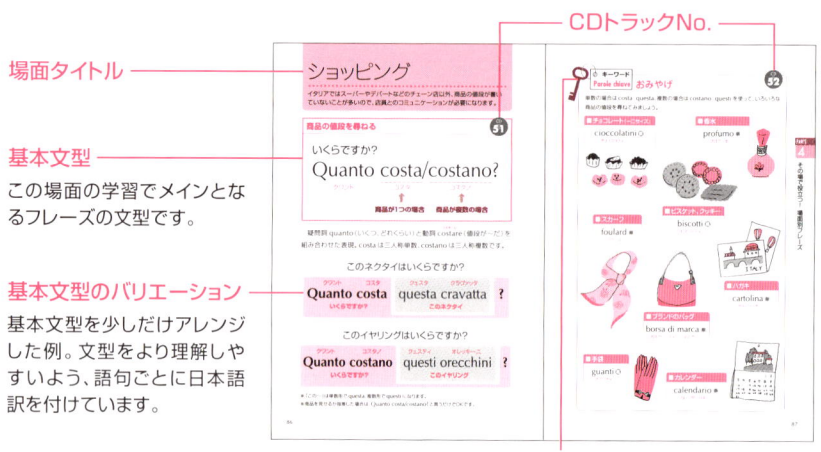

場面タイトル

基本文型
この場面の学習でメインとなるフレーズの文型です。

基本文型のバリエーション
基本文型を少しだけアレンジした例。文型をより理解しやすいよう、語句ごとに日本語訳を付けています。

CDトラックNo.

キーワード　左ページの基本文型に組み込んで使える単語です。

ミニ会話 実際の場面ではどんなやりとりになるか、会話の流れがわかります。

これも使える! 基本文型以外に、同じ場面で使えるフレーズを紹介しています。

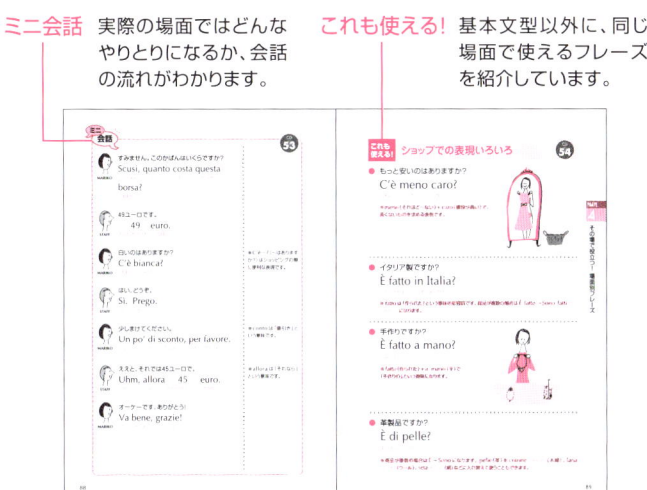

PARTE 5　いろいろな場面で使える! 目的別フレーズ

　特定の場面だけでなく、いろいろな場面で使える便利な表現や単語を身に付けます。

付録　動詞活用表／単語帳

　よく使うおもな動詞の活用形（現在形、近過去、半過去）がひと目でわかる動詞活用表と、食事やショッピングなどで役立つ単語をまとめています。

CDについて CDマークがある箇所のフレーズ／単語は、付属のCDで音声を聴くことができます。特にイタリア語特有の発音はCDの音声をよく聴いて、まねをするように発音してみましょう。声に出して練習することで、イタリア語のナチュラルな発音を身に付けてください。

※音声は日本語→イタリア語の順で収録しています。

目次

本書の使い方 ……… 4

PARTE 1 イタリア語の基礎知識　CD 1〜CD 6

まずは知りたい 基礎知識
イタリアのひみつ ……… 10
イタリア語と神話／
巻き舌の都市伝説／
イタリア人の時間の感覚／
多様な国民性と伝統料理

文字と発音 ……… 12
アルファベット／発音のポイント

数字と通貨 ……… 16
数字／ユーロ通貨

暦と時間 ……… 18
暦／時間

PARTE 2 イタリア語の基本ルール　CD 7〜CD 22

しっかり覚えたい 基本ルール
名詞 ……… 22
男性名詞と女性名詞／単数形と複数形

冠詞 ……… 24
不定冠詞／定冠詞

前置詞 ……… 26
方向や場所などを表す

形容詞 ……… 28
名詞の性と数で変化／対象の性と数で変化

副詞 ……… 31
程度を表す

動詞 ……… 32
3グループが主語で変化

疑問詞 ……… 34
形が変化しないもの／形が変化するもの

きちんとおさえたい 時制の概要
時制について ……… 36
イタリア語学習のコツ

使用頻度の高い文法 基本の時制
現在形 ……… 38
よく使う2つの動詞

近過去 ……… 40
近過去とは／
助動詞 avere を使って／
助動詞 essere を使って

半過去 ……… 42
半過去とは／essere を使って／
fare を使って

● おさらい練習問題 ……… 44

PARTE 3 通じればOK! カタコトフレーズ　CD 23〜CD 29

そのまま使える 簡単フレーズ
あいさつ ……… 48
様子を尋ねる ……… 50
お礼とおわび ……… 52
返事とあいづち ……… 54
お願いする ……… 56
感情表現 ……… 58
感嘆表現 ……… 60

● おさらい練習問題 ……… 62

PARTE 4 その場で役立つ！場面別フレーズ  CD30〜CD67

空港で 66
（〜はどこですか？）
- キーワード 空港にあるもの 67
- ミニ会話（場所を尋ねる） 68
- キーワード 方向を表す 68
- これも使える！ 空港での表現いろいろ 69

タクシーに乗る 70
（いくらかかりますか？）
- キーワード 観光名所 71
- ミニ会話（運転手との会話） 72
- これも使える！ タクシーでの表現いろいろ 73

電車に乗る 74
（〜行きの電車はありますか？）
- キーワード 都市名 75
- ミニ会話（駅員との会話） 76
- これも使える！ 駅での表現いろいろ 77

ホテルで① 78
（私は/私の名前は〜です。）
- キーワード 国籍／職業 79
- ミニ会話（チェックイン） 80
- これも使える！ フロントでの表現いろいろ 81

ホテルで② 82
（〜がありません。）
- キーワード 持ってきてもらいたいもの 83
- ミニ会話（フロントへ電話をかける） 84
- これも使える！ 部屋での表現いろいろ 85

ショッピング 86
（いくらですか？）
- キーワード おみやげ 87
- ミニ会話（ショップ店員との会話） 88
- これも使える！ ショップでの表現いろいろ 89

レストラン 90
（おすすめは何ですか？）
- メニュー 91
- ミニ会話（ウエイターとの会話） 92
- これも使える！ レストランでの表現いろいろ 93
- 覚えて役立つ！ ウエイターの表現 94

観光案内所で 96
（〜にはどうやって行ったらいいですか？）
- キーワード 街にあるもの 97
- ミニ会話（係員との会話） 98
- これも使える！ 案内所での表現いろいろ 99

劇場で 100
（何時に〜？）
- キーワード 座席の種類 101
- ミニ会話（劇場窓口での会話） 102
- これも使える！ 劇場での表現いろいろ 103

●おさらい練習問題 104

CD 68〜CD 91

PARTE 5 いろいろな場面で使える！ 目的別フレーズ

許可を求める ……………… 108
（〜してもいいですか？）
キーワード 許可を求めたいこと …… 109
ミニ会話（ショップ店員との会話） …… 110
キーワード 洋服と色 ……………… 111

依頼する …………………… 112
（〜していただけますか？）
キーワード 相手にしてほしいこと …… 113
ミニ会話（ピザ店での会話） ……… 114
キーワード イタリアのおいしい惣菜 … 115

要望を伝える ……………… 116
（〜したいのですが。）
キーワード 自分がしたいこと ……… 117
ミニ会話（予約の電話をかける） …… 118
キーワード 部屋の種類と食事 ……… 119

教えてもらう ……………… 120
（〜すればいいですか？）
キーワード 教えてほしいこと ……… 121
ミニ会話（運転手との会話） ……… 122
キーワード 店の種類 ……………… 123

好みを伝える ……………… 124
（私は〜が好きです。）
キーワード 好きなこと …………… 125
ミニ会話（友人との会話） ………… 126
キーワード ジェラートのフレーバー … 127

経験を表す ………………… 128
（〜しました）
キーワード 経験したこと ………… 129

過去の状態を表す ………… 130
（〜でした）
キーワード 過去の状態 …………… 131

●おさらい練習問題 …………… 132

付録① 動詞活用表 …………………………………… 134
付録② 単語帳 ……………………………………… 138

編 集 協 力：有限会社テクスタイド
Ｄ Ｔ Ｐ：有限会社テクスタイド
校　　　正：Riccardo Maizza
本文イラスト：やのひろこ
ＣＤ制 作：一般財団法人英語教育協議会（ELEC）
ナレーション：イタリア語　Alessio D'Alessandro、渡辺Eliana
　　　　　　日 本 語　水月優希

PARTE 1

イタリア語の
基礎知識

まずは知りたい 基礎知識①
イタリアのひみつ

イタリア語と神話

　イタリア語でとても不思議なのは、単語自体に「性」があること。名詞はすべて「男性名詞」と「女性名詞」に分かれています。これは、神話が言葉に強い影響を与えたためと推測されます。

　ローマ時代をさらにさかのぼった遠い昔、人々は、自然界のどこにでも神が宿っていると考えていました。そのため「海（mare マーレ）」はアポロンなので男性、「月（luna ルーナ）」はアルテミスなので女性というように、神の性が単語とセットになったのでしょう。

▲海の神ポセイドン

巻き舌の都市伝説

　イタリア語の発音を聞いたことがありますか？ なんとなく「巻き舌が使われている」という印象があるのではないでしょうか。

　その昔、ローマ帝国が崩壊したあと、イタリア半島は何度も違う国に支配されました。そのため、首都ローマを含む中部と、南部の一部の方言には、アラビア語やスペイン語などの影響を受けた巻き舌の「R」が残っているのです。

　巻き舌の「R」がイタリアで使われている、というのは都市伝説です。イタリア語を発音する時、巻き舌を意識して使う必要はありません。

イタリア人の時間の感覚

　一般に、イタリア人は時間にルーズだと言われています。たとえば、時刻表があるにもかかわらず、電車やバスが時刻通りに発着しないことがあります。また、テレビ番組の放送時間が理由もなく遅れたり、街の時計塔の時間が正しくなかったり。

INFORMAZIONI				
DESTINAZIONE	CATEGORIA	ORE	RIT	BIN
ROMA TERMINI	EUR	17:20	1:00	
NAPOLI C.LE	EUR	18:50	0:10	
ROMA TERMINI	REG	19:00		1
MILANO C.LE	EUR	19:10	0:15	
SIENA	REG	19:15		4

▲遅延時間の表示もあるイタリアの駅の電子掲示板

　一体なぜなのでしょう? イタリア人は基本的に時間に対しておおらかで、プレッシャーを感じたくないのです。

　そんなイタリア人でも、きちんと守るのが会社の退勤時間。この時間ぴったりになると、タイムカード機の前に行列ができます。

多様な国民性と伝統料理

　イタリア人は、住んでいる地域によって国民性が驚くほど異なると言われています。

　たとえば、お笑い好きで陽気な人が多いローマは日本で言うと大阪でしょうか。ローマ出身のコメディアンが多いこともうなずけます。ミラノはドイツに近いせいか、厳粛で寡黙な人が多いと言われています。モードの発信地ゆえ、お洒落な人もたくさん集まります。フィレンツェの人々は文化に対して高い誇りを持っています。歴史が古く、さながら「イタリアの京都」と言えるでしょう。

　このような多様性は、料理にも色濃く表れています。もしイタリアを訪れた際には、さまざまな伝統料理を食べてみてください。

PARTE 1 イタリア語の基礎知識

まずは知りたい 基礎知識②
文字と発音

アルファベット

●イタリア生まれのアルファベット

アルファベットは、紀元前にイタリアのローマで生まれました。イタリア語の母音は日本語と同じ5個で、子音は16個です。

母音

A a ア	B b ビ	C c チ	D d ディ
E e エ	F f エッフェ	G g ジ	H h アッカ
I i イ	L l エッレ	M m エンメ	N n エンネ
O o オ	P p ピ	Q q ク	R r エッレ	S s エッセ	T t ティ
U u ウ	V v ヴィ	Z z ゼータ

Rの音は通常ラ行ですが、特に強調される場合には直前に軽く「ル」をそえるような感じで発音します（カタカナルビは小さい「ル」で表記）。

イタリア語のアルファベットにはもともとなかった J、K、W、X、Y は、外来語の表記に使われます。

J j イルンガ　K k カッパ　W w ドッピャヴ　X x イックス　Y y イプスィロン

発音のポイント

●アクセント

イタリア語のほとんどの単語にはアクセントがありますが、実際にアクセント記号「`」が母音の上に付くのは、語尾の母音にアクセントがある単語と、1つの音節でできている単語のみです。アクセントの位置は単語ごとに異なります。

※アクセント記号が付かない単語の多くは、後ろから2つ目か3つ目の音節にアクセントを置きます。

> アクセントがある箇所のトーンを強く上げる感じで言えば、イタリア語らしい発音になります。

記号あり papà（父）
パパー

記号なし papa（ローマ教皇）
パーパ

※アクセントの位置によっては、このように単語の意味が変わってしまう場合もあります。

●詰まる音

同じ子音が2つ続くと、強く吐き出す詰まった音になります。

> 小さい「ッ」のような音になります。

cappuccino（カプチーノ）
カップッチーノ

caffè（エスプレッソ）
カッフェー

●くっつく音（リエゾン）

母音で始まる単語は、直前の単語の語尾（子音）と続けて発音します。

in Italia（イタリアへ）
イン イターリア → イニターリア

> ここでは、子音（n）＋母音（i）で、「ni」の音になります。

●ローマ字の要領で読めるイタリア語

イタリア語は、日本人にとって発音しやすい言語です。母音は日本語と同じ「ア」「エ」「イ」「オ」「ウ」ですし、子音と母音の組み合わせはおおむねローマ字のようにそのまま読めばOKです。

	a ア	e エ	i イ	o オ	u ウ
b	ba バ	be ベ	bi ビ	bo ボ	bu ブ
c	ca カ cia チャ	che ケ ce/cie チェ	chi キ ci チ	co コ cio チョ	cu ク ciu チュ
d	da ダ	de デ	di ディ	do ド	du ドゥ
f	fa ファ	fe フェ	fi フィ	fo フォ	fu フ
g	ga ガ gia ジャ glia ッリャ gna ンニャ	ghe ゲ ge/gie ジェ glie ッリェ gne ンニェ	ghi ギ gi ジ gli ッリィ gni ンニィ	go ゴ gio ジョ glio ッリョ gno ンニョ	gu グ giu ジュ gliu ッリュ gnu ンニュ
l	la ラ	le レ	li リ	lo ロ	lu ル
m	ma マ	me メ	mi ミ	mo モ	mu ム
n	na ナ	ne ネ	ni ニ	no ノ	nu ヌ
p	pa パ	pe ペ	pi ピ	po ポ	pu プ
q	qua クワ	que クェ	qui クィ	quo クォ	—
r	ra ルラ	re ルレ	ri ルリ	ro ルロ	ru ルル
s	sa サ/ザ sca スカ scia シャ	se セ/ゼ sche スケ sce シェ	si スィ/ズィ schi スキ sci シ	so ソ/ゾ sco スコ scio ショ	su ス/ズ scu スク sciu シュ
t	ta タ	te テ	ti ティ	to ト	tu トゥ
v	va ヴァ	ve ヴェ	vi ヴィ	vo ヴォ	vu ヴ
z	za ザ/ツァ	ze ゼ/ツェ	zi ズィ/ツィ	zo ゾ/ツォ	zu ズ/ツ

※子音 h は母音と組み合わせても発音されず、母音だけの音になります。

●イタリア語特有の発音

①「gl」の音

gl の g は日本語の小さい「ッ」のような音で、次の l を強く発音させます。l とあとに続く母音は「リャ、リェ、リィ、リョ、リュ」の音になります。

figlia（娘）
フィッリャ

aglio（ニンニク）
アッリョ

②「gn」の音

gn の g は発音しませんが、次の n を強く発音させます。n とあとに続く母音で「ンニャ、ンニェ、ンニィ、ンニョ、ンニュ」という音になります。

Spagna（スペイン）
スパンニャ

bagno（トイレ）
バンニョ

③「sc」の音

イタリア語にはローマ字の「shi（シ）」というつづりはありません。h の代わりに c が使われ、「シャ、シェ、シ、ショ、シュ」の音になります。

sciarpa（マフラー）
シャルパ

sciopero（ストライキ）
ショーペロ

④「t/d」の音

子音の前、または語尾にある t と d は「ト」「ド」よりも「トゥ」「ドゥ」に近い音になります。

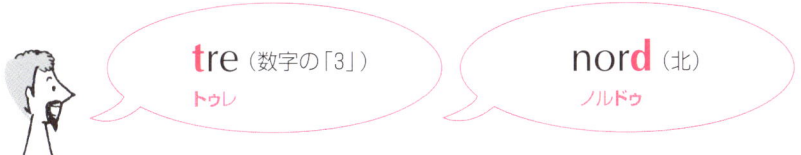

tre（数字の「3」）
トゥレ

nord（北）
ノルドゥ

まずは知りたい 基礎知識③
数字と通貨

数字　CD 3

注文や支払いなど、さまざまな場面で活躍する数字の表現を覚えておきましょう。

> 「21」は **venti**（20）＋**uno**（1）で表しますが、この時 **venti** の最後の母音（**i**）が取れて **ventuno** になります。＋**otto**（8）となる「28」も同様で、**ventotto** になります。
> ※この規則は「31」「38」〜「91」「98」にも適用されます。

0	zero ゼーロ				
1	uno ウーノ	11	undici ウンディチ	21	ventuno ヴェントゥーノ
2	due ドゥーエ	12	dodici ドディチ	22	ventidue ヴェンティドゥーエ
3	tre トゥレ	13	tredici トゥレディチ	30	trenta トゥレンタ
4	quattro クワットゥロ	14	quattordici クワットルディチ	40	quaranta クワランタ
5	cinque チンクエ	15	quindici クインディチ	50	cinquanta チンクワンタ
6	sei セーイ	16	sedici セディチ	60	sessanta セッサンタ
7	sette セッテ	17	diciassette ディチャッセッテ	70	settanta セッタンタ
8	otto オット	18	diciotto ディチョット	80	ottanta オッタンタ
9	nove ノーヴェ	19	diciannove ディチャンノーヴェ	90	novanta ノヴァンタ
10	dieci ディエーチ	20	venti ヴェンティ	100	cento チェント
				200	duecento ドゥエチェント
				500	cinquecento チンクェチェント

> 「11」〜「19」では、「10」を表す **dici** が語尾や語頭に付いています。

ユーロ通貨

EU加盟国の通貨ユーロ（euro）は、イタリア語では「エウロ」と発音します。ユーロの下の単位はセントで、100セント＝1ユーロです。2セント以上の金額では複数形になります。

ユーロ	euro エウロ
セント	centesimo 単 / centesimi 複 チェンテーズィモ　　　チェンテーズィミ

※ユーロは複数形でも変化せず、euro のままです。
※「1セント」「1ユーロ」の「1」は「ウーノ」ではなく「ウン」と発音します。

 1 centesimo
（1セント）

 2 centesimi
（2セント）

 5 centesimi
（5セント）

 10 centesimi
（10セント）

 20 centesimi
（20セント）

 50 centesimi
（50セント）

 1 euro
（1ユーロ）
※リエゾンして発音します。

 2 euro
（2ユーロ）

5 euro（5ユーロ）

10 euro（10ユーロ）

20 euro（20ユーロ）

50 euro（50ユーロ）

100 euro（100ユーロ）

200 euro（200ユーロ）

500 euro（500ユーロ）

まずは知りたい 基礎知識④
暦と時間

暦

ホテルやレストランの予約に必要な暦の表現を覚えておきましょう。

1月	gennaio ジェンナーヨ
2月	febbraio フェッブラーヨ
3月	marzo マルツォ
4月	aprile アプリーレ
5月	maggio マッジョ
6月	giugno ジュンニョ
7月	luglio ルッリョ
8月	agosto アゴースト
9月	settembre セッテンブレ
10月	ottobre オットブレ
11月	novembre ノヴェンブレ
12月	dicembre ディチェンブレ

年	anno 単 アンノ	/anni 複 アンニ
月	mese 単 メーゼ	/mesi 複 メーズィ
週	settimana 単 セッティマーナ	/settimane 複 セッティマーネ
日	giorno 単 ジョルノ	/giorni 複 ジョルニ

「〜年」は、定冠詞 il（p.25参照）のあとに数字（千の位＋百の位＋十の位＋一の位）を続けます。例えば、「1984年」という場合は、次のように表します。

il [イル] + 1000（mille [ミッレ]）
+ 900（novecento [ノーヴェチェント]）
+ 80（ottanta [オッタンタ]）
+ 4（quattro [クワットゥロ]）
↓
il １９８４（1984年）
イル ミッレ ノーヴェチェント オッタンタ クワットゥロ

※「2000」は「2」＋ mila（mille の複数形）で duemila [ドゥーエミーラ] です。

「〜日」も、定冠詞 il のあとに数字を続けます（「8」と「11」の場合は l' になります）。

il tre gennaio（1月3日）
イル トゥレ ジェンナーヨ

※「1日」の場合は序数（p.81参照）を使って il primo [イル プリーモ] と表します。

月曜日	lunedì ルネディー	金曜日	venerdì ヴェネルディー	昨日	ieri イエーリ
火曜日	martedì マルテディー	土曜日	sabato サーバト	今日	oggi オッジ
水曜日	mercoledì メルコレディー	日曜日	domenica ドメーニカ	明日	domani ドマーニ
木曜日	giovedì ジョヴェディー				

PARTE 1 イタリア語の基礎知識

時間

数字の前に定冠詞 le を付けるだけで「～時」と表せます。また、「～時～分」の場合は、接続詞 e（～と）を使って、時と分を表す数字をつなぎます。

le 12 e 30 （12時30分）
レ　ドディチ　エ　トゥレンタ

※「1時」だけは例外で、「l'una［ルーナ］」と言います。
※駅、空港などの時刻表では24時間制、日常会話では12時間制が使われます。

時刻表、予約などでは「15分」「30分」「45分」は数字で表されますが、日常会話では次のような表現もあります。

un quarto = 4分の1→15分
ウン　クワルト

mezzo = 半分→30分
メッゾ

tre quarti = 4分の3→45分
トゥレ　クワルティ

時	ora 単 /ore 複 オーラ　オーレ
分	minuto 単 /minuti 複 ミヌート　ミヌーティ
秒	secondo 単 /secondi 複 セコンド　セコンディ

強い絆(きずな)で結ばれているイタリアの大家族

　田舎でも都会でも、とても広くはりめぐらされているのが、イタリアの大家族のネットワーク。ほとんど義務のようになっている、電話で交わすクリスマスや新年のあいさつはもちろん、親戚同士で定期的に連絡を取り、しばしば集まっては絆を強めています。そんな大家族が一堂に会する大イベントは、何といっても結婚式です。結婚式には、自分のはとこまで誘わなければなりません。もし誘った人に家族がいれば、その家族全員が式にやってきます。

　結婚式は家族が中心の行事なので、仕事の関係者は基本的に呼ばれません。招待者は、親戚と友人だけで100人を超えることも。遠い親戚が同じテーブルを囲めば、お互いに仲良くなるよい機会になり、そのおかげで大家族の絆もどんどん強くなります。

　結婚式の披露宴は、昼食が始まる午後1時頃から午後8時頃まで延々と続き（夜中まで続く場合も）、食事やダンス、ゲームなどを楽しみます。ウェディングケーキが出てくるのは午後7時頃。披露宴が終わるまで誰も帰れず、料理は絶対に残せません。料理の数と量が多いので、結婚式の前日には食事を摂らない人もいます。

イタリア語の基本ルール

しっかり覚えたい 基本ルール①
名詞

男性名詞と女性名詞

●単語自体に性がある

イタリア語の名詞はすべて男性名詞と女性名詞に分かれています。その単語を使う人の性別とは関係なく、単語自体が性を持っているのです。

●名詞の語尾は3タイプ

男性名詞の語尾はほとんどが -o、女性名詞の語尾はほとんどが -a です。また、語尾が -e の名詞は男性/女性いずれの場合もありますが、比較的数が少ないので、例外としてその都度覚えましょう。

イタリア語の発音では、性と数を表す最後の母音がとても重要です。単語の語尾にアクセントがない場合でも、最後の母音をはっきりと発音するように心がけましょう。

単数形と複数形

●複数形で語尾が変化するもの

イタリア語の名詞は、複数形で次のように語尾が変化します。

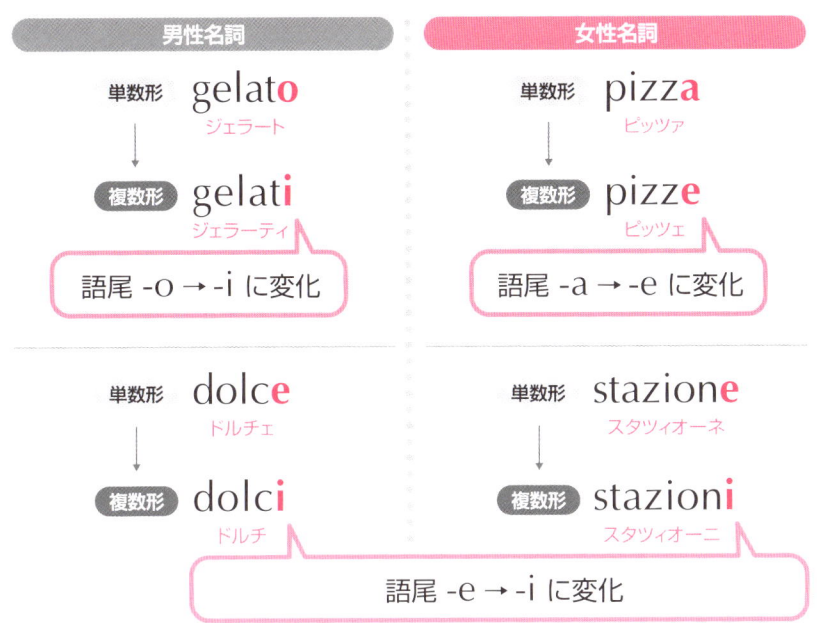

●複数形でも語尾が変化しないもの

語尾（母音）にアクセント記号が付く名詞と外来語は、複数形でも語尾が変化しません。

しっかり覚えたい 基本ルール②
冠詞

不定冠詞

　特定されていないものや数えられる名詞の前に置くのが不定冠詞です。イタリア語の不定冠詞には uno（数字の「1」）が使われ、名詞の性や語頭の文字によって、次のように形が変化します。

不定冠詞 ＋ 男性名詞

●一般

uno → un

un panino（パニーニ）
ウン　　パニーノ

●「s＋子音」「z」で始まる名詞

uno（変化しない）

uno specchio（鏡）
ウーノ　　スペッキョ

> **uno**が使われる名詞はあまりないので、迷った時は **un** を使ってみましょう。

不定冠詞 ＋ 女性名詞

●一般

uno → una

una birra（ビール）
ウナ　　ビッラ

●母音で始まる名詞

uno → un'（unaの省略形）

un'arancia（オレンジ）
ウナランチャ

※un' は続く名詞とくっつきます。

> **un'** を使わずに **una arancia** としてもOKです。

定冠詞

特定されているものや総称として表すもの、すでに話題にのぼっている名詞の前に置くものが定冠詞です。名詞の性と語頭の文字の他、単数か複数かによっても形が変化します。

> 定冠詞がわからなかったら省略しても大丈夫。名詞だけでも意味は通じます。

しっかり覚えたい 基本ルール③
前置詞

方向や場所などを表す

名詞の前に置いて、方向や場所、所有や出身などを表すのが前置詞です。

●〜へ、〜で、〜に（方向、場所）

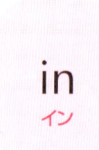

in
イン

イタリアへ/で/に
in Italia
イニターリア

名詞が国名、州名の場合は、このように **in** を使います。

定冠詞と結びつくと次の形になります。

	il	la	lo	i	le	gli
in＋定冠詞	nel ネル	nella ネッラ	nello ネッロ	nei ネイ	nelle ネッレ	negli ネッリィ

※定冠詞が l' の場合：nell'armadio [ネッラルマーディオ]（洋服だんすの中）

●〜へ、〜で、〜に（方向、場所）

a
ア

ローマへ/で/に
a Roma
ア　ルローマ

名詞が都市名の場合は、このように **a** を使います。

	il	la	lo	i	le	gli
a＋定冠詞	al アル	alla アッラ	allo アッロ	ai アイ	alle アッレ	agli アッリィ

※定冠詞が l' の場合：all'amica [アッラミーカ]（女友だちに）

●〜の（所有）、〜出身

di
ディ

ヒロシの
di Hiroshi
ディ　ヒロシ

東京出身
di Tokyo
ディ　トウキョウ

	il	la	lo	i	le	gli
di＋定冠詞	del デル	della デッラ	dello デッロ	dei デイ	delle デッレ	degli デッリィ

※定冠詞が l' の場合：dell'amico [デッラミーコ]（男友だちの）

● ～のために（目的）、～行き（行き先）

per
ペル

イタリア語を勉強するために
per studiare italiano
ペル　ストゥディアーレ　イタリアーノ

フィレンツェ行きの電車
un treno **per** Firenze
ウン　トゥレーノ　ペル　フィレンツェ

> 電車やバスなどの行き先を表すには、このように**per**を使います。

● ～から（出発点）

da
ダ

フィレンツェからの電車
un treno **da** Firenze
ウン　トゥレーノ　ダ　フィレンツェ

	il	la	lo	i	le	gli
da＋定冠詞	dal ダル	dalla ダッラ	dallo ダッロ	dai ダイ	dalle ダッレ	dagli ダッリィ

※定冠詞がl'の場合：dall'amica [ダッラミーカ]（女友だちから）

● ～入り（付属）、～で（手段）、～と（同伴）

con
コン

氷入り
con ghiaccio
コン　ギャッチョ

● ～なしで

senza
センツァ

氷なし
senza ghiaccio
センツァ　ギャッチョ

しっかり覚えたい 基本ルール④
形容詞

名詞の性と数で変化

　形容詞は基本形の語尾が -o と -e の2種類があり、それぞれ名詞の性と数に合わせて変化します。語順は通常、日本語とは逆の「名詞＋形容詞」になります。

※例外として、形容詞を名詞の前に置く場合もあります。

●語尾が -o の形容詞

　イタリア語の形容詞のほとんどは語尾が -o です。rosso（赤い）という形容詞を名詞のあとに置いて、その語尾変化を見てみましょう。

男性名詞 ＋ 形容詞

●赤ワイン

単数形　vino **rosso**　　← 基本形
　　　　ヴィーノ　ルロッソ

複数形　vini **rossi**
　　　　ヴィーニ　ルロッスィ

語尾 -o → -i に変化

女性名詞 ＋ 形容詞

●赤いかばん

語尾 -o → -a に変化

単数形　borsa **rossa**
　　　　ボルサ　ルロッサ

複数形　borse **rosse**
　　　　ボルセ　ルロッセ

語尾 -o → -e に変化

●赤いセーター

単数形　maglione **rosso**　← 基本形
　　　　マッリョーネ　ルロッソ

複数形　maglioni **rossi**
　　　　マッリョーニ　ルロッスィ

語尾 -o → -i に変化

> 男性名詞＝単数形では形容詞は基本形のまま、複数形では語尾が **-i** になります。
> 女性名詞＝単数形では形容詞の語尾が **-a**、複数形では語尾が **-e** になります。

●語尾が -e の形容詞

　語尾が -e の形容詞は比較的少ないです。grande（大きい）という形容詞を名詞のあとに置いて、その語尾変化を見てみましょう。

名詞の性にかかわらず、単数形では形容詞は基本形のまま、複数形では語尾が **-i** になります。

対象の性と数で変化

　形容詞は名詞と組み合わせずに、単体で使うこともできます。その場合、話す対象となる相手の性と数に合わせて、語尾が変化します。

　例えば、「ブラボー(bravo)」はイタリア語の形容詞で、意味は「上手な、偉い」です。劇場にオペラを聴きに行って、舞台上に声をかける場合などは、歌手の性と数によって語尾を変化させる必要があります。

●1人の男性に対して

Bravo!
ブラーヴォ

●1人の女性に対して

Brava!
ブラーヴァ

●複数の男性、または男性＋女性に対して

Bravi!
ブラーヴィ

●複数の女性に対して

Brave!
ブラーヴェ

しっかり覚えたい 基本ルール⑤
副詞

程度を表す

　形容詞の前に置いて、程度を表せるのが副詞です。「（値段が）高い」という意味の形容詞 caro[カーロ] に副詞を組み合わせてみましょう。

● とても〜

molto
モルト

とても高い
molto caro
モルト　　カーロ

● 少し〜

un po'
ウン　ポー

少し高い
un po' caro
ウン　ポー　カーロ

※po' は「少しの」という意味の poco[ポーコ]の短縮形です。

● 〜すぎる

troppo
トゥロッポ

高すぎる
troppo caro
トゥロッポ　カーロ

● より〜

più
ピュー

より高い
più caro
ピュー　カーロ

● それほど〜ない

meno
メノ

それほど高くない
meno caro
メノ　　カーロ

しっかり覚えたい 基本ルール⑥
動詞

3グループが主語で変化

動詞は原形の語尾によって「-are動詞」「-ere動詞」「-ire動詞」に分かれます。

-are動詞
mangiare（食べる）
マンジャーレ
abitare（住む）など
アビターレ

-ere動詞
bere（飲む）
ベーレ
leggere（読む）など
レッジェレ

-ire動詞
dormire（寝る）
ドルミーレ
aprire（開く）など
アプリーレ

●主語の人称と数で変化する

イタリア語の動詞は主語の人称と数に合わせて形が変化します。まずは動詞の活用に影響を与える主語代名詞を覚えましょう。

	単数	複数
一人称	私 io イオ	私たち noi ノイ
二人称	君　　　あなた tu（カジュアル） / Lei（フォーマル） トゥ　　　レイ ※Leiの「L」は文中でも大文字で書かれます。	君たち、あなたたち voi ヴォイ
三人称	彼　　彼女 lui / lei ルイ　レイ	彼ら loro ローロ

※動詞は主語に合わせて語尾変化するので、その形から主語が判断できます。そのため、主語代名詞は省略されることがあります。

規則変化動詞の場合、3グループの語尾変化は次の通りです。人称ごとに語尾が共通というパターンが多く見られます。まず覚えたいのは、どの動詞でも語尾が共通の「私」「君」「私たち」が主語の場合の活用形です。

			-are動詞	-ere動詞	-ire動詞
単数	一人称	io（私）	-o		
	二人称	tu（君）	-i		
	三人称	lui（彼）/lei（彼女）	-a	-e	
複数	一人称	noi（私たち）	-iamo		
	二人称	voi（君たち、あなたたち）	-ate	-ete	-ite
	三人称	loro（彼ら）	-ano	-ono	

※これらの活用パターンに当てはまらず、不規則変化する動詞もあります。

●動詞の活用例

主語が「私」「君」「私たち」の場合の動詞の活用形を見てみましょう。

		mangiare	bere	dormire
主語が「私」	io +	mangio マンジョ	bevo ベーヴォ	dormo ドルモ
主語が「君」	tu +	mangi マンジ	bevi ベーヴィ	dormi ドルミ
主語が「私たち」	noi +	mangiamo マンジャーモ	beviamo ベヴィアーモ	dormiamo ドルミャーモ

※mangiare は主語が「君」「私たち」の場合、語幹 mangi の最後の「i」と語尾変化の「i」が1つになります。
※bere はもともと原形が bevere だったので、語幹 bev の活用になります。

PARTE 2 イタリア語の基本ルール

しっかり覚えたい　基本ルール⑦
疑問詞

形が変化しないもの

疑問詞には、対象の性や数によって形が変化するものと、しないものがあります。まずは変化しないものを見てみましょう。

●何（どの＋物）

che cosa
ケッコーザ

●何時（どの＋時間）

che ora
ケ　オーラ

●どのように、どうやって

come
コーメ

●いつ

quando
クワンド

●どこ

dove
ドーヴェ

●どうして

perché
ペルケー

形が変化するもの

形が変化する疑問詞については、簡単な疑問文と一緒に見てみましょう。

● いくつ、どれだけ

男性・単数
quanto
クワント

いくらですか？
Quanto costa?
クワント　コスタ

女性・単数
quanta
クワンタ

あなたはパスタをどれだけ食べる？
Quanta pasta mangi?
クワンタ　パスタ　マンジ

男性・複数
quanti
クワンティ

何日間ですか？
Quanti giorni?
クワンティ　ジョルニ

女性・複数
quante
クワンテ

何人ですか？
Quante persone?
クワンテ　ペルソーネ

● どれ

単数
quale
クワーレ

どのかばんですか？
Quale borsa?
クワーレ　ボルサ

複数
quali
クワーリ

どの手袋ですか？
Quali guanti?
クワーリ　グワンティ

> 疑問詞 **quale/quali** は対象の性にかかわりなく、単数形か複数形かで変化します。

時制について

きちんとおさえたい　時制の概要

イタリア語学習のコツ

●3つの時制をおさえる！

　イタリア語には時制がたくさんありますが、実際に日常会話でよく使われるのは3種類だけ。基本の時制は①現在形、②近過去、③半過去です。
　基本の時制をマスターすれば、日常会話で困ることはありません。

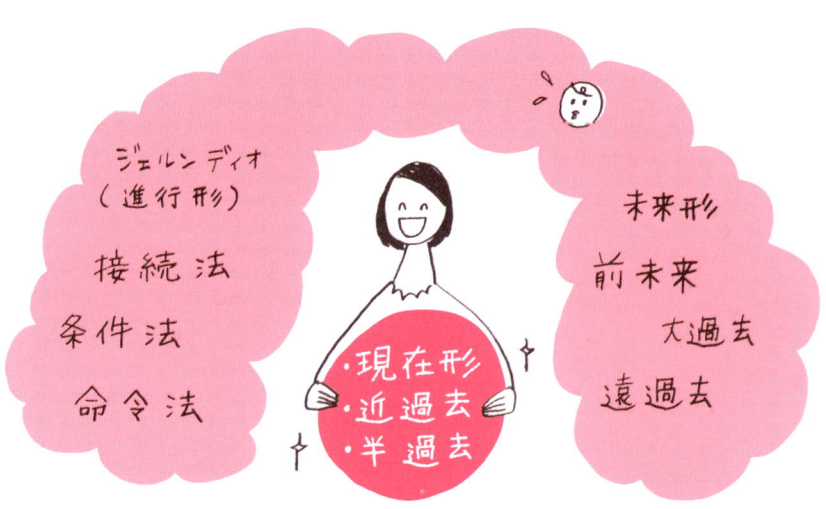

①現在形

　日本語の現在形と同じように、現在に起きることや近い未来に起きることだけでなく、遠い未来に起こることも表現できます。

②近過去

　近過去といっても実は普通の過去形なので、過去の話なら、5秒前（近い過去）の話でも、5億年前（遠い過去）の話でもOK。近過去は、1回、もしくは回数がはっきりしている過去の動作を表します。

※文学で使われる「遠過去」と区別するために近過去と呼ばれています。

現在　　　　10年前

私は10年前サッカーをした

③半過去

　半過去は過去に継続した動作「〜していた」を表します。また、過去に継続した状態「〜だった」も表し、この場合は動詞 essere（エッセレ）の半過去がよく使われます。

現在　　　　昨日

昨日は雨だった

使用頻度の高い文法 **基本の時制①**

現在形

よく使う2つの動詞　CD 18

　現在形を使うと、現在の状態や状況を表すことができます。

　まず覚えておきたいのは、さまざまな場面で使うことができる動詞 essere（エッセレ）（〜である）と avere（アヴェーレ）（〜を持っている）です。この2つはいずれも不規則変化動詞で、ほぼまるごと形が変わります。なかでも会話でよく使われる「私」「君」「私たち」が主語の場合の活用形から覚えましょう。

学習のポイント よく使う活用形から覚えよう!

				essere （〜である）	avere （〜を持っている）
単数	一人称	io（私）	+	s**ono** ソーノ	h**o** オ
単数	二人称	tu（君）	+	se**i** セーイ	ha**i** アーイ
単数	三人称	lui（彼）/ lei（彼女）	+	è エ	ha ア
複数	一人称	noi（私たち）	+	s**iamo** スィアーモ	abb**iamo** アッビャーモ
複数	二人称	voi（君たち、あなたたち）	+	siete スィエーテ	avete アヴェーテ
複数	三人称	loro（彼ら）	+	sono ソーノ	hanno アンノ

※主語が「私」「君」「私たち」の場合の語尾 -o/-i/-iamo は、他の動詞でも共通です。
※主語が「あなた」＝Lei [レイ] の場合は、lui/lei と同じ活用になります。

では、シンプルな文型でessereとavereの使い方を見てみましょう。

● essereの使い方

● ～です。

イオ　ソーノ　ジャッポネーゼ
Io **sono** giapponese. ＝私は日本人です。
私　　である　　　日本人

※平叙文の基本文型は「主語＋述語＋目的語」。主語は省略することも可能です。

● ～います。

イオ　ソーノ　　イノテル
Io **sono** in hotel. ＝私はホテルにいます。
私　　いる　～に　ホテル

● avereの使い方

● ～持っています。

トゥ　アーイ　ウン　ガット
Tu **hai** un gatto? ＝君は猫を飼っている?
君　持っている　（1匹の）猫

※平叙文の語順のまま、文末に「?」を付けるだけで疑問文になります。

● ～です。

イオ　オ　トゥレンタ　アンニ
Io **ho** 30 anni. ＝私は30歳です。　※avereはこのように年齢を表す
私　である　30　　歳　　　　　　　　場合にも使われます。

---

pausa caffè　イタリア語の敬語

イタリア語の敬語はとても簡単です。敬語になるのは主語が二人称のフレーズだけで、tu（君）をLei（あなた）に替えるだけ。動詞は三人称単数の活用になります。

君はイタリア人（男性）?　　　あなたはイタリア人（男性）ですか?
Tu sei italiano?　　→　　**Lei** è italiano?
トゥ　セーイ　イタリアーノ　　　　レイ　エ　イタリアーノ

※相手が女性の場合、「イタリア人」は女性形のitaliana［イタリアーナ］になります。

使用頻度の高い文法　基本の時制②

近過去

近過去とは

　近過去を使うと、1回、もしくは回数がはっきりしている過去の動作を表すことができます。近過去にはp.38のavere/essere（アヴェーレ／エッセレ）と動詞をセットにして使います。どちらを使うかは、続く動詞によって決まりますが、ほとんどは［avere＋動詞の過去分詞］になります。

助動詞 avere を使って　CD 19

　avereのあとに置く過去分詞は、すべての主語代名詞で共通の活用形です。「食べる」「飲む」「寝る」の過去分詞を見てみましょう。

主語代名詞	助動詞 avere	+	動詞の過去分詞		
			mangiare（食べる）	**bere**（飲む）	**dormire**（寝る）
io（私）	ho		**mangi**ato マンジャート ＝食べた	**bev**uto ベヴート ＝飲んだ	**dorm**ito ドルミート ＝寝た
tu（君）	hai				
lui（彼）/ lei（彼女）	ha		-are動詞のほとんどは **-are→-ato** になります。	-ere動詞のほとんどは不規則変化します。	-ire動詞のほとんどは **-ire→-ito** になります。
noi（私たち）	abbiamo				
voi（君たち、あなたたち）	avete				
loro（彼ら）	hanno				

学習のポイント　avereのあとの過去分詞の活用形は、すべての主語代名詞で共通！

オ　　　　マンジャート　　　　ウン　　　ポモドーロ
Ho mangiato un pomodoro. ＝トマトを食べました。
　　　食べた　　　　　　（1つの）トマト

オ　　　　ベヴート　　　　ウナ　　　スプレムータ
Ho bevuto una spremuta. ＝生ジュースを飲みました。
　　　飲んだ　　　　　　（1杯の）生ジュース

イエーリ アーイ　ドルミート　　ベーネ
Ieri hai dormito bene? ＝昨日はよく眠れた？
　昨日　　　　　寝た　　　　よく

助動詞 essere を使って　CD 20

移動を表す動詞などでは、essere が助動詞として使われます。essere のあとに置く過去分詞は、主語の性と数によって語尾変化します。

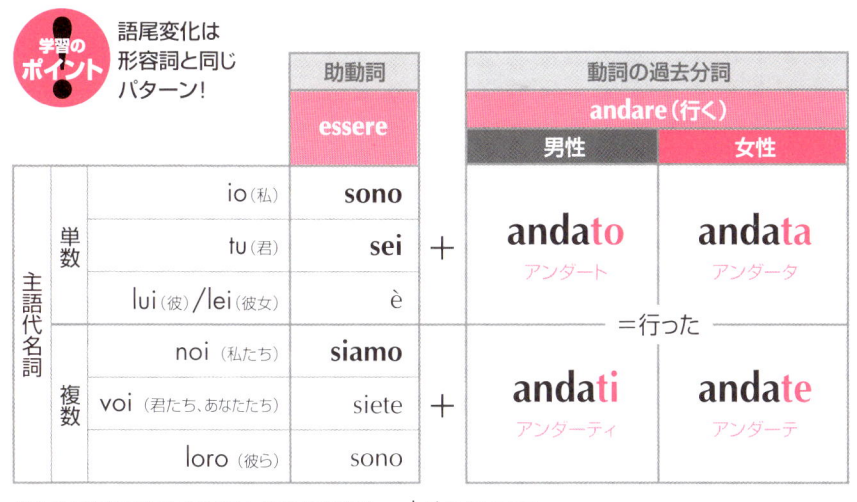

学習のポイント：語尾変化は形容詞と同じパターン！

主語代名詞		助動詞 essere		動詞の過去分詞 andare（行く）	
				男性	女性
単数	io（私）	sono	＋	**andato** アンダート	**andata** アンダータ
	tu（君）	sei			
	lui（彼）/lei（彼女）	è		＝行った	
複数	noi（私たち）	siamo	＋	**andati** アンダーティ	**andate** アンダーテ
	voi（君たち、あなたたち）	siete			
	loro（彼ら）	sono			

※主語が複数の男女の場合は、男性の複数形 andati を使います。

ノイ　スィアーモ　アンダーティ ア　フィレンツェ
Noi siamo andati a Firenze.
　私たち　　　　　行った　　　　フィレンツェへ

＝私たちはフィレンツェへ行きました。

使用頻度の高い文法　基本の時制③

半過去

半過去とは

　半過去を使うと、過去の状態を表すことができます。半過去では、動詞は人称と数によって形が変わる特有の活用になります。

essere を使って　CD 21

　半過去でよく使われる動詞 essere（エッセレ）（～である）の活用を見てみましょう。特に覚えておきたいのは、よく使う三人称単数と三人称複数の活用形です。

学習のポイント　よく使う活用形から覚えよう！

				essere（～である）
単数	一人称	io（私）	＋	ero　エーロ
	二人称	tu（君）	＋	eri　エーリ
	三人称	lui（彼）/ lei（彼女）	＋	**era**　エーラ
複数	一人称	noi（私たち）	＋	eravamo　エラヴァーモ
	二人称	voi（君たち、あなたたち）	＋	eravate　エラヴァーテ
	三人称	loro（彼ら）	＋	**erano**　エーラノ

● **essere の半過去**

<ruby>Il<rt>イル</rt></ruby> <ruby>negozio<rt>ネゴツィオ</rt></ruby> **<ruby>era<rt>エーラ</rt></ruby>** <ruby>chiuso<rt>キューゾ</rt></ruby>. ＝店は閉まっていました。
　その店　　だった　終わった

<ruby>C'erano<rt>チェーラノ</rt></ruby> <ruby>tante<rt>タンテ</rt></ruby> <ruby>persone<rt>ペルソーネ</rt></ruby>. ＝人が多かった。
　いた　　たくさんの　人々

※ C' は、場所を表す副詞 ci の短縮形。essere の半過去と組み合わせて「（そこに）いた」という意味になります。

fare を使って　　CD 22

半過去では天候を表す場合に動詞 fare（ファーレ）（する、作る）が使われます。日常会話では三人称単数の活用形 faceva（ファチェーヴァ）だけ覚えておけば大丈夫です。

● **fare の半過去**

<ruby>Ieri<rt>イエーリ</rt></ruby> **<ruby>faceva<rt>ファチェーヴァ</rt></ruby>** <ruby>caldo<rt>カルド</rt></ruby>. ＝昨日は暑かった。
　昨日　　だった　　暑い

※気候の表現では主語は省略されます。

<ruby>Ieri<rt>イエーリ</rt></ruby> **<ruby>faceva<rt>ファチェーヴァ</rt></ruby>** <ruby>freddo<rt>フレッド</rt></ruby>. ＝昨日は寒かった。
　昨日　　だった　　寒い

おさらい練習問題

① 次の形容詞を適切な語尾に変化させ（もしくは基本形のまま）、名詞の右隣の空欄部分に記入してください。

1. **形容詞** **buono**（おいしい）

   dolce ☐
   dolci ☐ （おいしいデザート）
   mozzarella ☐
   mozzarelle ☐ （おいしいモッツァレラチーズ）

2. **形容詞** **veloce**（速い）

   treno ☐
   treni ☐ （速い電車）
   macchina ☐
   macchine ☐ （速い自動車）

② 次の -are/-ere/-ire 動詞をそれぞれ適切な語尾に変化させて、空欄部分に記入してください。

1. **動詞** **mangiare**（食べる）

    Io _____ una pizza.
    （私はピザを食べます）

    Noi _____ poca pasta.
    （私たちはパスタを少し食べます）

2. **動詞** **bere**（飲む）

    Io _____ una birra.
    （私はビールを飲みます）

    Noi _____ tanta acqua.
    （私たちは水をたくさん飲みます）

3. **動詞** **dormire**（寝る）

    Io _____ presto.
    （私は早く寝ます）

    Noi _____ bene.
    （私たちはよく寝ます）

解答：① 1. buono／buoni／buona／buone 2. veloce／veloci／veloce／veloci
② 1. mangio／mangiamo 2. bevo／beviamo 3. dormo／dormiamo

pausa caffè　イタリアの「話す」文化

　イタリア人にとって、話すことは大きな楽しみの一つです。話し相手がいなければ何をしても楽しくありません。ですから、イタリア人は一人暮らしや一人旅が苦手です。特に、一人で外食をするというのは、イタリア人には考えられません。なぜならいつでもどこでも、話し相手と意見の交換をしたいからです。

　そんなイタリアの文化は「書く」より「話す」文化です。幼い頃から、家族や友だちからはもちろん、学校、社会からも話すことを求められます。例えば、イタリアでは小学校から、ほとんどの宿題と試験が口頭形式で出されます。授業中には先生からミニスピーチの指名をされることがあるため、学生は普段からスピーチの練習が欠かせません。学科にもよりますが、筆記試験が一つもなく、口頭試験だけ、という大学もあります。

　イタリア語上達のための近道は、やはり話すことです。単語を覚える時も、文章を読む時も、文字をただ目で追って暗記するより、どんどん声に出して覚えていきましょう。

PARTE 3

通じればOK!
カタコトフレーズ

そのまま使える 簡単フレーズ
あいさつ

CD 23

💬 こんにちは！（おはようございます！）
Buongiorno! フォーマル
ブオンジョルノ

💬 こんばんは！
Buonasera! フォーマル
ブオナセーラ

💬 やあ！
Ciao! カジュアル
チャオ

> 人と出会った時はもちろん、別れる時にも使えます。使う時間帯は一日中いつでもOK。

💬 はじめまして！（こちらこそ！）
Piacere!
ピャチェーレ

> 初対面のあいさつ。「こちらこそ」と答える時も、同じpiacereです。

💬 さようなら!
Arrivederci! フォーマル
アリヴェデルチ

> 人と別れる時のあいさつ。店やホテルなどを出る時や電話を切る時も使います。

💬 おやすみなさい!
Buonanotte!
ブオナノッテ

💬 また明日!
A domani!
ア　　　ドマーニ

pausa caffè　初めての店で声をかける時

イタリアでは店に入る時、客のほうから先に店員にあいさつをしなければ失礼な客と思われます。では、フォーマルな「Buongiorno」とカジュアルな「Ciao」のどちらを使えばよいでしょうか？

初めて行く店では、まず「Buongiorno」とあいさつして、雰囲気を確認してみましょう。もしスタッフが「Ciao」と答えたら、そのあとは「Ciao」を使えばよいのです。

Buongiorno
Ciao

PARTE 3　通じればOK！カタコトフレーズ

そのまま使える 簡単フレーズ
様子を尋ねる
CD 24

💬 お元気ですか？
Come sta? 〔フォーマル〕
コーメ　　スタ

> 相手が1人の場合の丁寧な表現です。

※staは人の状態（〜でいる）を表す動詞stare [スターレ] のLei（あなた）の活用形です。

💬 とても元気です。あなたは？
Benissimo. E Lei? 〔フォーマル〕
ベニッスィモ　　　エ　レイ

💬 元気？
Come stai? 〔カジュアル〕
コーメ　　スタイ

> 相手が1人の場合のカジュアルな表現です。

※staiは動詞stareのtu（君）の活用形です。

💬 元気だよ。君は？
Bene. E tu? 〔カジュアル〕
ベーネ　　エ　トゥ

💬 お元気ですか？
Come state?
コーメ　　スターテ

> 相手が複数の場合の表現です。

※stateは動詞stareのvoi（君たち、あなたたち）の活用形です。

💬 まあまあです。あなたたち（君たち）は？
Così così. E voi?
コズィー　コズィー　エ　ヴォイ

💬 調子はどう?
Come va?
コーメ　ヴァ

※vaは「行く」という意味の動詞andare[アンダーレ]のlui/leiの活用形です。

💬 悪くないです。
Non c'è male.
ノン　チェ　マーレ

💬 悪いです。
Male.
マーレ

💬 どうしましたか?
Che cosa c'è?
ケッコーザ　チェ

💬 頭が痛いです。
Ho mal di testa.
オ　マル　ディ　テスタ

> testa(頭)をdenti[デンティ](歯)やpancia[パンチャ](腹)などに入れ替えて使うこともできます。

💬 疲れています。
Sono stanco.
ソーノ　スタンコ

> stanco(疲れた)は男性が言う表現。女性が言う場合はstanca[スタンカ]になります。

PARTE 3 通じればOK! カタコトフレーズ

そのまま使える 簡単フレーズ
お礼とおわび

CD 25

💬 ありがとう。
Grazie.
グラツィエ

💬 どういたしまして。
Prego.
プレーゴ

> prego は他に「どうぞ」という意味でも使われます。

💬 どうもありがとう。
Grazie molte.
グラツィエ　モルテ

💬 いろいろとありがとう。
Grazie di tutto.
グラツィエ　ディ　トゥット

💬 心からありがとう。
Grazie di cuore.
グラツィエ　ディ　クオーレ

💬 失礼しました。
Scusi. フォーマル
スクーズィ

> 軽いおわびの他、店員などに「すみません」と声をかける時にも使います。

💬 ごめんね。
Scusa. カジュアル
スクーザ

💬 申し訳ありません。
Mi dispiace.
ミ　　ディスピャーチェ

> scusi/scusa は比較的軽いおわびなので、きちんと謝りたい時はこの表現です。「お気の毒に」（p.58参照）という意味でも使います。

PARTE 3
通じればOK！ カタコトフレーズ

そのまま使える 簡単フレーズ
返事とあいづち

CD 26

💬 はい（大丈夫です）。

Sì.
スィ

> È giapponese?（あなたは日本人ですか？）などの簡単な質問には、sì だけで答えればOKです。

💬 いいえ（違います）。

No.
ノ

💬 はい、いいですよ。

Sì, grazie.
スィ　　グラツィエ

💬 いいえ、結構です。

No, grazie.
ノ　　　グラツィエ

> 相手が提案したことを断る場合の表現です。

💬 もちろん!
Certo!
チェルト

💬 本当にそうだね!
È vero!
エ　ヴェーロ

> 「本当ですか?」なら Davvero? になります。
> （ダッヴェーロ）

💬 そうだといいね!
Magari!
マガーリ

💬 オーケーです。
Va bene.
ヴァ　ベーネ

> 「わかりました」「了解です」という意味の表現です。

PARTE 3 通じればOK! カタコトフレーズ

そのまま使える 簡単フレーズ
お願いする

💬 チェックインをお願いします。
Check in, per favore.
　　チェッキン　　　　ペル　　　ファヴォーレ

> per favore は何かをお願いする時に一番よく使われる表現。カジュアル／フォーマルを問わずに使えます。

💬 チェックアウトをお願いします。
Check out, per favore.
　　チェッカウトゥ　　　　ペル　　　ファヴォーレ

> 「check in」「check out」など、イタリア語の発音で読めばそのまま使える英語もあります。

💬 タクシーを1台お願いします。
Un taxi, per favore.
　ウン　　タクスィー　　　ペル　　　ファヴォーレ

💬 コロッセオへ行ってください。
Al Colosseo, per favore.
アル　　　コロッセオ　　　　　ペル　　　ファヴォーレ

> 行き先のあとに per favore を続けるだけでOKです。

💬 この住所へ行ってください。
A questo indirizzo, per favore.
ア　　クエスト　　　インディリッツォ　　　ペル　　ファヴォーレ

> 形容詞 questo（この）＋indirizzo（住所）で「この住所」。住所を書いたメモなどを見せながら言いましょう。

💬 メニューをください。
Il menù, per favore.
イル　　メヌー　　　ペル　　ファヴォーレ

💬 お会計をお願いします。
Il conto, per favore.
イル　　コント　　　ペル　　ファヴォーレ

PARTE 3　通じればOK！カタコトフレーズ

そのまま使える 簡単フレーズ
感情表現

💬 なんて楽しいんでしょう！
Che bello!
ケ　　　ベッロ

💬 私は幸せです。
Sono felice.
ソーノ　　　フェリーチェ

> 副詞 molto（モルト）（とても）を加えれば、Sono molto felice.（私はとても幸せです）と喜びをさらに強調した表現になります。

💬 私は悲しい（寂しい）です。
Sono triste.
ソーノ　　　トゥリステ

💬 残念ですね！
Peccato!
ペッカート

💬 お気の毒に。
Mi dispiace.
ミ　　　ディスピャーチェ

💬 どうしよう！（びっくりした！）
Mamma mia!
マンマ　ミア

> 驚いたり困った時に使います。直訳すると「私のお母さん！」。子どもが母親に助けを求めるようなニュアンスです。

💬 私はイタリアが大好きです！
Io amo l'Italia!
イオ　アーモ　リターリア

> amo は主語が「私」の場合の動詞 amare（アマーレ）（愛する、大好きだ）の活用形です。

💬 私たちはフィレンツェが大好きです！
Noi amiamo Firenze!
ノイ　アミャーモ　フィレンツェ

> amiamo は主語が「私たち」の場合の活用形です。国名には定冠詞が付きますが、都市名には付きません。

---

pausa caffè　「教会の鐘楼」という名の郷土愛

イタリアにはcampanilismo [カンパニリズモ] と呼ばれる郷土愛があります。その語源は「教会の鐘楼」campanile [カンパニーレ]。自分が生まれた街の教会の鐘の音しか聞かないという意味があり、とても強い郷土愛を表します。

旅先では、ある街にいる間に、別の街をほめることは控えたほうがいいかもしれません。

PARTE 3　通じればOK！カタコトフレーズ

感嘆表現

そのまま使える 簡単フレーズ

CD 29

💬 素晴らしい!
Che meraviglia!
ケ　　　　メラヴィッリャ

💬 頭にくる!
Che rabbia!
ケ　　　ルラッビャ

💬 暑いですね!
Che caldo!
ケッカルド

💬 寒いですね!
Che freddo!
ケッフレッド

💬 なんておいしいんでしょう!

> 形容詞 buono（おいしい）は、食べ物の性と数に合わせて形が変化します。

	食べ物＝男性名詞	食べ物＝女性名詞
単数	 panino（パニーノ） **Che buono!** ケ ブオーノ	 pizza（ピッツァ） **Che buona!** ケ ブオーナ
複数	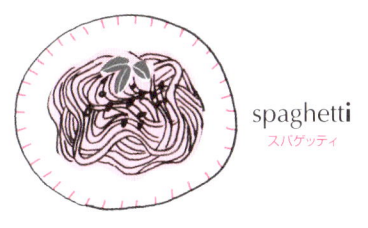 spaghetti（スパゲッティ） **Che buoni!** ケ ブオーニ	 penne（ペンネ） **Che buone!** ケ ブオーネ

☕ pausa caffè ――「おいしそう!」と言いたい時は

　イタリア語には日本語の「おいしそう!」に当たる表現はありません。レストランでおいしそうな食べ物が出てきた時は「Che bello!」がおすすめ。「これからおいしい料理を食べるぞ!」という喜びを表すことができます。

　ちなみに、イタリア語には「まずい」に当たる単語がなく、「È immangiabile [エ インマンジャービレ]（食べられるものじゃない）」と表します。

PARTE 3 通じればOK! カタコトフレーズ

おさらい練習問題

① 動詞 stare をそれぞれ適切な活用形にして、
Come のあとの空欄部分に記入してください。

■ 相手が1人の場合（丁寧な表現）

Come [＿＿＿] ?（お元気ですか?）

■ 相手が1人の場合（カジュアルな表現）

Come [＿＿＿] ?（元気?）

■ 相手が複数の場合

Come [＿＿＿] ?（お元気ですか?）

②「amo」「amiamo」のいずれか適切なほうを、
空欄部分に記入してください。

Io [＿＿＿] l'Italia!
（私はイタリアが大好きです!）

Noi [＿＿＿] Firenze!
（私たちはフィレンツェが大好きです!）

③ Cheで始まる感嘆表現と、それぞれの日本語訳として
正しいものを線でつないでください。

Che bello! •　　　　　　• なんておいしいんでしょう!

Che meraviglia! •　　　　• なんて楽しいんでしょう!

Che buono! •　　　　　　• 素晴らしい!

Che caldo! •　　　　　　• 暑いですね!

解答： ① sta／stai／state ② amo／amiamo
③ Che bello!＝なんて楽しいんでしょう!／Che meraviglia!＝素晴らしい!／
Che buono!＝なんておいしいんでしょう!／Che caldo!＝暑いですね!

pausa caffè　イタリア人の憩いの場

　イタリアの街中にある「バール（Bar）」は、イタリア人の生活に欠かせない存在です。アルコール類だけでなく、コーヒーやソフトドリンク、ジェラートなどもあり、時間帯によって次のようなさまざまな楽しみ方があります。

朝食（5時〜8時半頃）

　朝は基本的に砂糖がけクロワッサンなどの甘いパンしかありません。イタリアの代表的な飲み物といえば、やはりエスプレッソ。カウンターでさっと立ち飲みするのがイタリア流なので、テーブル席のないバールがたくさんあります。

コーヒータイム（10時〜11時頃）

　仕事中に5分程の休憩を取り、この時間帯に2杯目のエスプレッソを飲みに行きます。お腹が少しすいた人は甘いパンを食べます。

食前酒タイム（12時〜13時と19時頃）

　休日や祝祭日など、特別な食事の前にバールに立ち寄り、おつまみと一緒に食前酒（aperitivo［アペリティーヴォ］）を飲みます。ノンアルコールドリンクやカクテルもあります。

昼食タイム（13時〜14時半頃）

　定番はイタリア風サンドイッチのパニーノ（panino）ですが、パスタやカットピザ、メインディッシュが用意されているバールもあります。

夜（19時〜22時頃）

　基本的に食前酒を提供しており、バールでは食事をしません。食べたあとに一杯、という習慣もありません。

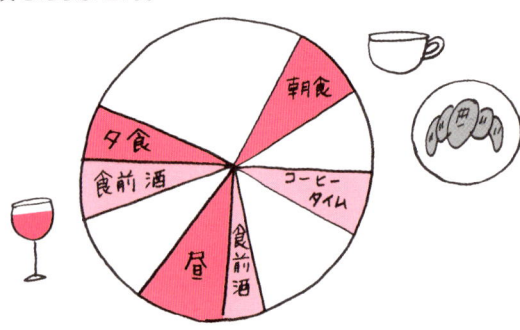

PARTE 4

その場で役立つ！
場面別フレーズ

空港で

イタリアでは場所を示す案内標識が少ないので、行きたい所を教えてもらうためのフレーズがとても役立ちます。

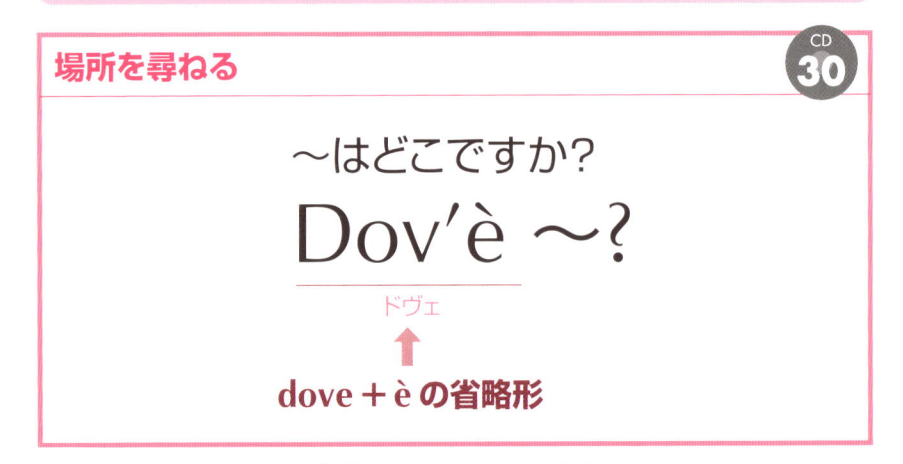

場所を尋ねる

CD 30

～はどこですか?
Dov'è ～?
ドヴェ

↑

dove + è の省略形

場所を尋ねる疑問詞 dove(ドーヴェ)(どこ)と動詞 essere(エッセレ)(〜です)の三人称単数 è(エ) を組み合わせた省略形が dov'è です。Dov'è のあとに行きたい場所を加えるだけで、「〜はどこですか?」と尋ねることができます。

トイレはどこですか?

Dov'è (ドヴェ / どこですか?) **il bagno** (イル バンニョ / トイレ) **?**

別の動詞と組み合わせて

疑問詞 dove は別の動詞と組み合わせて使うこともできます。

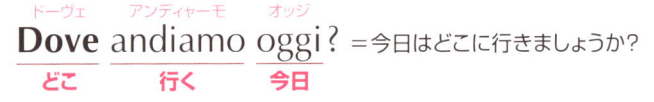

Dove(ドーヴェ/どこ) **andiamo**(アンディアーモ/行く) **oggi**(オッジ/今日)? ＝今日はどこに行きましょうか?

※単数形の dov'è は場所を尋ねる時に使いますが、複数の物がどこにあるかを尋ねる場合は、複数形の dove sono を使います。

キーワード
Parole chiave 空港にあるもの

CD 31

Dov'è のあとに次の単語を加えて、どこにあるかを尋ねてみましょう。

■ ターンテーブル
il nastro bagagli
イル　ナストゥロ　　バガッリ

■ 搭乗ゲート
l'uscita d'imbarco
ルッシータ　　ディンバルコ

■ 警察署
la polizia
ラ　ポリツィーア

■ エレベーター
l'ascensore
ラッシェンソーレ

■ バール
il bar
イル　バール

■ 両替所
l'ufficio cambi
ルッフィチョ　カンビ

■ ATM
il bancomat
イル　バンコマットゥ

PARTE 4 その場で役立つ！ 場面別フレーズ

ミニ会話 CD 32

MARIKO: すみません、税関はどこですか?
Scusi, dov'è la dogana?
スクーズィ　ドヴェ　ラ　ドガーナ

STAFF: 突き当たって右の、あそこです。
È lì, in fondo a destra.
エ　リ　イン　フォンド　ア　デストゥラ

MARIKO: ありがとう。
Grazie.
グラツィエ

STAFF: どういたしまして。
Prego.
プレーゴ

※お礼の表現grazieはpregoとセットで覚えましょう(p.52参照)。

キーワード Parole chiave　方向を表す　CD 33

■左に
a sinistra
ア　スィニストゥラ

■上に
su
スー

■突き当たって
in fondo
イン　フォンド

■まっすぐ
dritto
ドゥリット

■下に
giù
ジュー

■右に
a destra
ア　デストゥラ

■裏
dietro
ディエトゥロ

覚えておきたい関連単語

道を尋ねる時には、目印となる次の単語も覚えておくと便利です。

□ 信号
semaforo
セマーフォロ

□ 交差点
incrocio
インクローチョ

□ 角
angolo
アンゴロ

□ 大通り
viale
ヴィアーレ

□ 建物／ビル
palazzo
パラッツォ

これも使える！ 空港での表現いろいろ

● （席は）窓側をお願いします。

Finestrino, per favore.
フィネストゥリーノ　ペル　ファヴォーレ

※ finestrino（窓側）を corridoio［コッリドーヨ］にすれば、通路側をお願いする表現になります。

● 私はスーツケースを1つと手荷物を1つ持っています。

Ho una valigia e un bagaglio a mano.
オ　ウナ　ヴァリージャ　エ　ウン　バガッリョ　ア　マーノ

※ bagaglio（荷物）＋a mano（手）で、「手荷物」という意味です。

● スーツケースを量ってもいいですか？

Posso pesare la valigia?
ポッソ　ペザーレ　ラ　ヴァリージャ

※重量超過が心配な場合は、カウンターで預ける前にこのように言って、重さを量りましょう。

● 国内線はどこですか？

Dove sono i voli nazionali?
ドーヴェ　ソーノ　イ　ヴォーリ　ナツィオナーリ

※ nazionali（国内の）を internazionali［インテルナツィオナーリ］にすれば、国際線を尋ねる表現になります。

PARTE 4 その場で役立つ！場面別フレーズ

タクシーに乗る

イタリアでは、タクシー乗り場からタクシーに乗るか、電話で呼び出すのが一般的です。事前におおよその料金を確認してから、乗るかどうかを決めましょう。

運賃を尋ねる

CD 35

いくらかかりますか？
Quanto viene?
クワント　　ヴィエーネ

↑
動詞 venire の三人称単数

　viene は動詞 venire（ヴェニーレ）（来る）の三人称単数ですが、この慣用句では特別な意味になります。ここでは、疑問詞 quanto（いくつ、どれだけ）とセットで「料金はいくらかかりますか？」という意味になっています。

コロッセオまでいくらかかりますか？

Quanto viene （クワント ヴィエーネ）　**fino al Colosseo** （フィーノ アル コロッセーオ）**?**
いくらかかりますか？　　　コロッセオまで

※前置詞 fino a は「〜まで」という意味。al は a ＋ 定冠詞 il の結合形です（p.26参照）。

運賃以外にも使える

　Quanto viene? は、レンタカー代やホテルの部屋代を尋ねる時にも使います。

1日の料金はいくらですか？
Quanto viene al giorno?
クワント　　ヴィエーネ　アル　ジョルノ

キーワード
Parole chiave 観光名所

fino a と目的地を組み合わせて、かかる運賃を尋ねてみましょう。前置詞 a は定冠詞と結合して、a + il は al に、a + la は alla になります（p.26参照）。

※広場や橋などの場合は、もともと定冠詞は付きません。

Roma
ローマ

■スペイン広場
piazza di Spagna
ピャッツァ ディ スパンニャ

■トレヴィの泉
(la) fontana di Trevi
ラ フォンターナ ディ トゥレーヴィ

■真実の口
(la) bocca della verità
ラ ボッカ デッラ ヴェリター

■サン・ピエトロ大聖堂
San Pietro
サン ピエートゥロ

Firenze
フィレンツェ

■ウフィツィ美術館
(la) galleria degli Uffizi
ラ ガッレリーア デッリィ ウッフィツィ

■ダンテ美術館
(la) casa di Dante
ラ カーザ ディ ダンテ

■ミケランジェロ広場
piazzale Michelangelo
ピャッツァーレ ミケランジェロ

■ヴェッキオ橋
ponte Vecchio
ポンテ ヴェッキョ

PARTE 4 その場で役立つ！場面別フレーズ

ミニ会話

MARIKO: すみません、フォロ・ロマーノまでいくらかかりますか?
Scusi, quanto viene fino al Foro Romano?
スクーズィ　クワント　ヴィエーネ　フィーノ　アル　フォロ　ロマーノ

★「フォロ・ロマーノ」とはローマにある古代遺跡。観光地として有名です。

TASSISTA: 7ユーロぐらいです。
Circa 7 euro.
チルカ　セッテ　エウロ

※tassista [タッシィスタ] は「タクシー運転手」という意味です。
※circaは「約、およそ」という意味です。

MARIKO: 了解です、行きましょう。
Va bene, andiamo.
ヴァ　ベーネ　アンディャーモ

目的地に到着

TASSISTA: はい、こちらです。
Ecco, è qui.
エッコ　エ　クィ

MARIKO: いくらですか?
Quant'è?
クワンテー

※quant'è は疑問詞 quanto (いくつ) + è (動詞essereの三人称単数)の短縮形です。

TASSISTA: 6ユーロ50セントです。
6 euro e 50.
セーイ　エウロ　エ　チンクワンタ

※接続詞 e (〜と)のあとに続く数字の単位「セント」centesimi [チェンテーズィミ]は省略されます。

MARIKO: (8ユーロを渡して)
どうぞ。おつりはチップです。
Prego. Il resto, mancia.
プレーゴ　イル　レスト　マンチャ

※resto は「おつり」、mancia は「チップ」という意味です。

TASSISTA: ありがとうございます。さようなら。
Grazie. Arrivederci.
グラツィエ　アリヴェデルチ

これも使える！ タクシーでの表現いろいろ　CD 38

● 料金メーターをつけてください。
Il tassametro, per favore.
イル　タッサメトゥロ　ペル　ファヴォーレ

● 時間はどれくらいかかりますか？
Quanto tempo ci vuole?
クワント　テンポ　チ　ヴオーレ

※「〜が欲しい」という意味の動詞 volere [ヴォレーレ] (vuole は三人称単数) は ci とセットで「(時間)がかかる」という意味になります。

返答例 Un **minuto.** (1分です) …2分以上なら複数形 minuti [ミヌーティ] が使われます。
ウン　ミヌート

Un'**ora.** (1時間です) …2時間以上なら複数形 ore [オーレ] が使われます。
ウノーラ

● 荷物を運ぶのを手伝っていただけますか？
Mi aiuta con i bagagli, per favore?
ミ　アユータ　コニ　バガッリ　ペル　ファヴォーレ

※「手伝う」という意味の動詞 aiutare [アユターレ] を使った表現です。

● レシートをください。
Una ricevuta, per favore.
ウナ　リチェヴータ　ペル　ファヴォーレ

PARTE 4 その場で役立つ！場面別フレーズ

---

pausa caffè　チップについて

イタリアのレストランやホテルなどはサービス料込みの料金なので、基本的にチップを渡す必要はありませんが、よいサービスを受けた場合はチップを渡してもよいでしょう。金額は決まっていませんから、タクシーの場合ならつり銭程度で十分です。

電車に乗る

イタリアの電車は遅延することが多く、車体に「特急」などの記載がないことも。駅の人に確認することをおすすめします。

電車の運行を尋ねる

~行きの電車はありますか？

C'è un treno per ~?
チェ　ウン　トゥレーノ　ペル
　　　　　　　　　　　　↑
　　　　　　　　　　　～行き

C'è~?（～はありますか？）と前置詞 per（～行き）を使った表現です。

ミラノ行きの電車はありますか？

チェ　ウン　トゥレーノ　ペル　　ミラーノ
C'è un treno per　Milano ?
～行きの電車はありますか？　　ミラノ

pausa caffè　イタリアの電車事情

　イタリアでは電車がよく遅れます。時々ストライキ（sciopero［ショーペロ］）もあるので、目的地までに乗り換えがある場合は、特に余裕をもって電車に乗るようにしましょう。また、電車の遅れに伴い、ホームが変わることもあるので、注意してください。
　イタリアの電車の良さは、運賃が比較的安いこと。そして、車窓から美しい景色を楽しむこともできます。イタリアを訪れた際には、ぜひ乗ってみてください。

キーワード
Parole chiave 都市名

CD 40

per のあとに都市名を加えて、そこに行く電車があるかどうかを尋ねてみましょう。

■ローマ
Roma
ローマ

■トリノ
Torino
トリーノ

■ヴェネツィア
Venezia
ヴェネツィア

■ジェノヴァ
Genova
ジェノヴァ

■フィレンツェ
Firenze
フィレンツェ

■アルベロベッロ
Alberobello
アルベロベッロ

■ナポリ
Napoli
ナポリ

■パレルモ
Palermo
パレールモ

PARTE 4

その場で役立つ！ 場面別フレーズ

覚えておきたい関連単語

駅にある電子掲示板の表示も覚えておくと便利です。

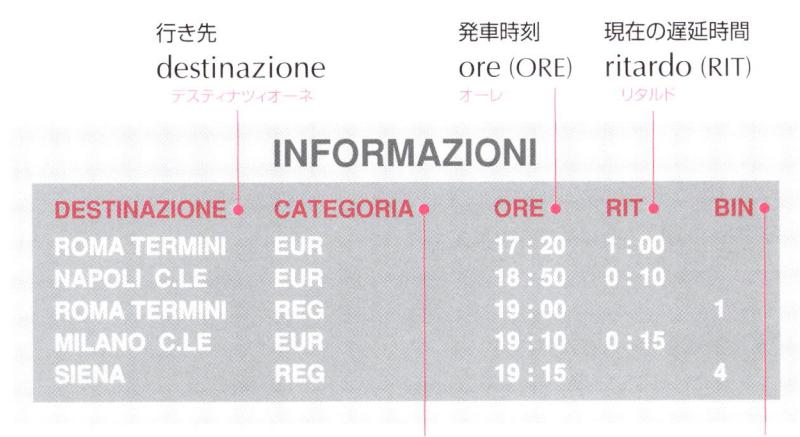

行き先
destinazione
デスティナツィオーネ

発車時刻
ore (ORE)
オーレ

現在の遅延時間
ritardo (RIT)
リタルド

INFORMAZIONI

DESTINAZIONE	CATEGORIA	ORE	RIT	BIN
ROMA TERMINI	EUR	17:20	1:00	
NAPOLI C.LE	EUR	18:50	0:10	
ROMA TERMINI	REG	19:00		1
MILANO C.LE	EUR	19:10	0:15	
SIENA	REG	19:15		4

列車の種類
categoria
カテゴリーア

発車ホーム番号
binario (BIN)
ビナーリオ

※EUR(EUROSTAR)は特急列車ユーロスター、REG(REGIONALE)は普通列車です。

ミニ会話

MARIKO: こんにちは。フィレンツェ行きの10時頃の電車はありますか?
Buongiorno. C'è un treno per Firenze verso le 10?
ブオンジョルノ チェ ウン トゥレーノ ペル フィレンツェ ヴェルソ レ ディエーチ

STAFF: 10時5分のユーロスターがあります。
C'è un Eurostar alle 10:05.
チェ ウネウロスタール アッレ ディエーチ エ チンクェ

※alle は前置詞 a (〜の) +定冠詞 le の結合形。

MARIKO: 片道のチケットを2枚ください。
Due biglietti solo andata, per favore.
ドゥーエ ビッリェッティ ソロ アンダータ ペル ファヴォーレ

※solo andata は「片道の」。andata e ritorno [アンダータ エ リトルノ] に替えれば、「往復の」になります。

STAFF: どうぞ。
Prego.
プレーゴ

MARIKO: いくらですか?
Quant'è?
クワンテー

STAFF: 50ユーロ40セントです。
50 euro e 40.
チンクワンタ エウロ エ クワランタ

MARIKO: ありがとう。さようなら。
Grazie. Arrivederci.
グラツィエ アリヴェデルチ

これも使える！ 駅での表現いろいろ　CD 42

● 自動改札機が壊れています。

L'obliteratrice è rotta.
ロブリテラトゥリーチェ　エ　ロッタ

※rottaは「壊れた」という意味の形容詞（女性名詞・単数形）。チケットを見せながら「È rotta」だけでも通じます。

● 電車は遅れていますか？

Il treno è in ritardo?
イル　トゥレーノ　エ　イン　リタルド

※「定刻通り」なら in orario［イノラーリオ］です。

● これはフィレンツェ行きの電車ですか？

È questo il treno per Firenze?
エ　クェスト　イル　トゥレーノ　ペル　フィレンツェ

● 何時に出発しますか？

A che ora parte?
アッケ　オーラ　パルテ

※「出発する」という意味の動詞 partire［パルティーレ］を使った表現です。

● ローマに何時に着きますか？

A che ora arriva a Roma?
アッケ　オーラ　アルリーヴァ　ア　ルローマ

※「到着する」という意味の動詞 arrivare［アルリヴァーレ］を使った表現です。

PARTE 4　その場で役立つ！場面別フレーズ

ホテルで①

チェックインの際には、まずあいさつをしてから自分の名前を伝えます。簡単な自己紹介を覚えましょう。

自己紹介をする

私は/私の名前は〜です。
Sono/Mi chiamo 〜.
ソーノ　　ミ　　キャーモ

動詞 essere（エッセレ）（p.38参照）の一人称単数 sono のあとに名前を続けるだけで、簡単な自己紹介ができます。

私はミヤザキヒロシです。

Sono （ソーノ）**Hiroshi Miyazaki** （ヒロシ　ミヤザキ）．
私は〜です　　ヒロシ　ミヤザキ

一人称単数の代名詞 mi と、「呼ぶ」という意味の動詞 chiamare（キャマーレ）を組み合わせた「私は〜という名前である」も、自己紹介の定番です。

私の名前はミヤザキヒロシです。

Mi chiamo （ミ　キャーモ）**Hiroshi Miyazaki** （ヒロシ　ミヤザキ）．
私の名前は〜です　　ヒロシ　ミヤザキ

キーワード
Parole chiave 国籍／職業

Sono のあとに国籍や職業を続けて、「私は〜です」と言うこともできます。

※職業を表す名詞には、男女同形のものと、女性形で語尾が -a/-essa に変わるものがあります。

■日本人
giapponese
ジャッポネーゼ

■主婦
casalinga
カザリンガ

■講師
insegnante
インセンニャンテ

■学生
studente 男／studentessa 女
ストゥデンテ　　　ストゥデンテッサ

■会社員
impiegato 男／impiegata 女
インピェガート　　インピェガータ

■会計士
ragioniere 男／ragioniera 女
ラジオニエレ　　　ラジオニエラ

■弁護士
avvocato
アッヴォカート

■医師
medico
メーディコ

PARTE 4 その場で役立つ！ 場面別フレーズ

家族を紹介する

自分の家族を紹介する場合は、Questo è 〜（この人は〜です）を使います。
（クェスト エ）

※所有形容詞 mio [ミオ]／mia [ミア]（私の）は、紹介する家族の性によって使い分けます。

私の夫です。
Questo è mio marito.
クェスト　エ　ミオ　マリート

私の妻です。
Questa è mia moglie.
クェスタ　エ　ミア　モッリェ

mio（私の）+		mia（私の）+	
父	padre パードゥレ	母	madre マードゥレ
息子	figlio フィッリョ	娘	figlia フィッリャ
兄弟	fratello フラテッロ	姉妹	sorella ソレッラ
祖父	nonno ノンノ	祖母	nonna ノンナ

ミニ会話

CD 45

HIROSHI
こんばんは。私の名前はミヤザキヒロシです。
チェックインをお願いします。

Buonasera.
ブオナセーラ

Mi chiamo Hiroshi Miyazaki.
ミ　キャーモ　ヒロシ　ミヤザキ

Check in, per favore.
チェッキン　ペル　ファヴォーレ

STAFF
はい。パスポートをお願いします。

Sì. Il passaporto, per favore.
スィ　イル　パッサポルト　ペル　ファヴォーレ

※2人以上で宿泊の場合「パスポート」は複数形で I pasaporti [イ パッサポルティ]になります。

HIROSHI
どうぞ。

Prego.
プレーゴ

STAFF
ここにサインをしてください。

Una firma qui.
ウナ　フィルマ　クィ

※firmaは「署名、サイン」という意味です。

HIROSHI
はい。

Sì.
スィ

STAFF
それでは、これが鍵です。
お部屋は3階の304（号室）です。

Allora, questa è la chiave.
アッローラ　クエスタ　エラ　キャーヴェ

La camera è la 304
ラ　カーメラ　エラ　トゥレ　ゼーロ　クワットゥロ

al terzo piano.
アル　テルツォ　ピャーノ

※chiaveは「鍵」、cameraは「部屋」という意味。terzo（3番目の）＋piano（階）で「3階」になります。

HIROSHI
ありがとう。おやすみなさい。

Grazie. Buonanotte.
グラツィエ　ブオナノッテ

フロアの数え方

建物のフロアは序数で表しますが、イタリアと日本では数え方が違います。日本の「1階」はイタリアでは「0階」に当たります。

2番目の+階＝2階（日本での3階）
secondo piano
セコンド　ピアーノ

1番目の+階＝1階（日本での2階）
primo piano
プリーモ　ピアーノ

0階（日本での1階）　※terra は「地表と同じ高さの」
piano terra
ピアーノ　テルラ

地下1階　※interrato は「地下の」
piano interrato
ピアーノ　インテルラート

3番目の	7番目の
terzo テルツォ	settimo セッティモ
4番目の	8番目の
quarto クワルト	ottavo オッターヴォ
5番目の	9番目の
quinto クイント	nono ノーノ
6番目の	10番目の
sesto セスト	decimo デーチモ

※「11」以降は、数の最後の母音を取って -esimo を付けます。undic**i**（11）→undic**esimo**（11番目の）

PARTE 4　その場で役立つ！場面別フレーズ

これも使える！ フロントでの表現いろいろ　CD 46

● ローマの地図をください。

Una mappa di Roma, per favore.
ウナ　　マッパ　　ディ　ルローマ　　ペル　　ファヴォーレ

● 明日6時にボックスブレックファストを2つお願いします。

Due box breakfast per domani
ドゥーエ　ボックス　ブレックファストゥ　ペル　　ドマーニ
alle 6 : 00, per favore.
アッレ　　セーイ　　　ペル　ファヴォーレ

★「ボックスブレックファスト」とは、軽めのお弁当のこと。パン、ドリンク、フルーツのセットが基本です。ホテルで作ってもらえる場合がありますので聞いてみましょう。

ホテルで②

部屋にあるはずのものがないことに気がついたら、フロントに電話して持ってきてもらいましょう。

何かを持ってきてもらう　CD 47

～がありません。
Non c'è ～.
ノン　　チェ

※複数形は Non ci sono～. です。
　　　　　ノン　チ　ソーノ

c'è～（～がある）の前に否定の non を置くと、「～がない」という表現になり、（それがないので）持ってきて欲しい、というニュアンスになります。

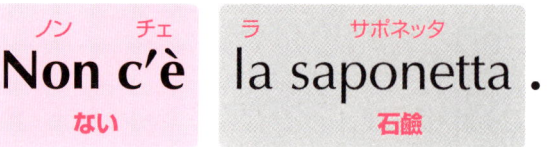

石鹸がありません。

Non c'è (ノン チェ／ない) **la saponetta** (ラ サポネッタ／石鹸).

場所を表す語句を文頭に加えた表現も見てみましょう。

バスルームにタオルがありません。

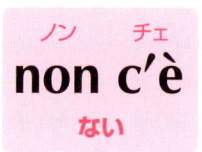

In bagno (イン バンニョ／バスルームに) **non c'è** (ノン チェ／ない) **l'asciugamano** (ラッシュガマーノ／タオル).

キーワード
Parole chiave 持ってきてもらいたいもの

CD 48

Non c'è のあとに次の単語を加えて、部屋にないものを伝えましょう。

■毛布
la coperta
ラ　コペルタ

■まくら
il cuscino
イル　クッシーノ

■トイレットペーパー
la carta igienica
ラ　カルタ　イジエーニカ

■シャンプー
lo shampoo
ロ　シャンポ

PARTE 4
その場で役立つ！場面別フレーズ

覚えておきたい関連単語

ホテルの部屋にあるものとして、次の単語も覚えておきましょう。

□ランプ	□ベッド	□テレビ	□ミニバー	□洋服だんす
lampada	letto	TV/televisione	minibar	armadio
ランパダ	レット	ティヴ　テレヴィズィオーネ	ミニバール	アルマディオ

pausa caffè　イタリアのホテルにないものは？

いくつかの5つ星を除き、イタリアのホテルの部屋にはスリッパがありません。また、歯ブラシ、パジャマ、ドライヤーが用意されていないことも多いので、必要があれば持参しましょう。

ミニ会話

RECEPTION: フロントです、こんばんは。
Reception, buonasera.
レセプション　　　ブオナセーラ

HIROSHI: こんばんは。お風呂のお湯が出ません。
Buonasera. In bagno
ブオナセーラ　　　イン　　バンニョ
non c'è acqua calda.
ノン　チェ　アックァ　カルダ

RECEPTION: すぐに誰かスタッフが確認に参ります。お部屋番号は？
Viene subito qualcuno
ヴィエーネ　スービト　クワルクーノ
a controllare.
ア　コントゥロッラーレ
Numero di camera?
ヌーメロ　ディ　カーメラ

※subitoは「すぐに」、qualcunoは「誰か」、controllareは「確かめる」という意味です。

HIROSHI: 403です。ありがとう。
403. Grazie.
クワットゥロ ゼーロ トゥレ　グラツィエ

RECEPTION: どういたしまして。
Prego.
プレーゴ

84

これも使える！ 部屋での表現いろいろ 　CD 50

● ランプが壊れています。
La lampada è rotta.
ラ　　ランパダ　　エ　　ロッタ

● 部屋が狭すぎます。
La camera è troppo piccola.
ラ　　カーメラ　　エ　　トゥロッポ　　ピッコラ

※「〜すぎる」という意味の副詞 troppo を形容詞 piccolo [ピッコロ]（piccola は女性名詞・単数）の前に置くと、「小さすぎる、狭すぎる」という意味になります。

● 部屋の外がうるさいです。
La camera è rumorosa.
ラ　　カーメラ　　エ　　ルモローザ

● 部屋の中に鍵を忘れました。
Ho dimenticato la chiave in camera.
オ　　ディメンティカート　　ラ　　キャーヴェ　　イン　　カーメラ

※動詞 dimenticare [ディメンティカーレ]（忘れる）を使った表現です。

● 暖房が効きません。
Il riscaldamento non funziona.
イル　　リスカルダメント　　ノン　　フンツィオーナ

※否定の non + funziona（正常に作動する）で「効かない」という表現。
L'aria condizionata [ラリア コンディツィオナータ]（冷房）にして使うこともできます。

PARTE 4 その場で役立つ！場面別フレーズ

ショッピング

イタリアではスーパーやデパートなどのチェーン店以外、商品の値段が書いていないことが多いので、店員とのコミュニケーションが必要になります。

商品の値段を尋ねる　CD 51

いくらですか？

Quanto costa/costano?
クワント　　　コスタ　　　コスタノ

↑商品が1つの場合　↑商品が複数の場合

疑問詞 quanto（いくつ、どれくらい）と動詞 costare（コスターレ）（値段が〜だ）を組み合わせた表現。costa は三人称単数、costano は三人称複数です。

このネクタイはいくらですか？

Quanto costa (クワント コスタ／いくらですか？) **questa cravatta** (クェスタ クラヴァッタ／このネクタイ) ?

このイヤリングはいくらですか？

Quanto costano (クワント コスタノ／いくらですか？) **questi orecchini** (クェスティ オレッキーニ／このイヤリング) ?

※「この〜」は単数形で questa、複数形で questi になります。
※商品を見せるか指差した場合は、Quanto costa/costano? と言うだけでOKです。

キーワード
Parole chiave おみやげ

CD 52

単数の場合は costa questa、複数の場合は costano questi を使って、いろいろな商品の値段を尋ねてみましょう。

■ チョコレート（一口サイズ）
cioccolatini 複
チョッコラティーニ

■ 香水
profumo 単
プロフーモ

■ スカーフ
foulard 単
フラール

■ ビスケット、クッキー
biscotti 複
ビスコッティ

■ ハガキ
cartolina 単
カルトリーナ

■ ブランドのバッグ
borsa di marca 単
ボルサ ディ マルカ

■ 手袋
guanti 複
グワンティ

■ カレンダー
calendario 単
カレンダーリオ

PARTE 4 その場で役立つ！ 場面別フレーズ

ミニ会話

MARIKO: すみません。このかばんはいくらですか?
Scusi, quanto costa questa borsa?
スクーズィ　クワント　コスタ　クェスタ
ボルサ

STAFF: 49ユーロです。
49 euro.
クワランタノーヴェ　エウロ

MARIKO: 白いのはありますか?
C'è bianca?
チェ　ビャンカ

※ C'è ～? (～はありますか?)はショッピングの際に便利な表現です。

STAFF: はい、どうぞ。
Sì. Prego.
スィ　プレーゴ

MARIKO: 少しまけてください。
Un po' di sconto, per favore.
ウン　ポー　ディ　スコント　ペル　ファヴォーレ

※ sconto は「値引き」という意味です。

STAFF: ええと、それでは45ユーロで。
Uhm, allora 45 euro.
ウーム　アッローラ　クワランタチンクェ　エウロ

※ allora は「それなら」という意味です。

MARIKO: オーケーです、ありがとう!
Va bene, grazie!
ヴァ　ベーネ　グラツィエ

これも使える！ ショップでの表現いろいろ

CD 54

● もっと安いのはありますか？
C'è meno caro?
チェ　メノ　カーロ

※meno（それほど〜ない）＋caro（値段が高い）で、高くないものを求める表現です。

● イタリア製ですか？
È fatto in Italia?
エッファット　イニターリア

※fatto は「作られた」という意味の形容詞です。商品が複数の場合は È fatto → Sono fatti [ソノ ファッティ] になります。

● 手作りですか？
È fatto a mano?
エッファット　ア　マーノ

※fatto（作られた）＋a mano（手）で「手作りの」という意味になります。

● 革製品ですか？
È di pelle?
エ　ディ　ペッレ

※商品が複数の場合は È → Sono になります。pelle（革）を cotone [コトーネ]（木綿）、lana [ラーナ]（ウール）、seta [セータ]（絹）などに入れ替えて使うこともできます。

PARTE 4　その場で役立つ！ 場面別フレーズ

レストラン

注文に迷ったら、お店の人におすすめを教えてもらいましょう。その地方特有の郷土料理や、旬の食材を楽しんでください。

おすすめを尋ねる　CD 55

おすすめは何ですか?
Che cosa consiglia?
ケッコーザ　　　　　コンスィッリャ

consigliaは動詞consigliare(コンスィリャーレ)(すすめる)の三人称単数で、Lei(レイ)(あなた)に対する敬語表現です。主語代名詞Leiは省略されています。

デザートのおすすめは何ですか?

Che cosa consiglia **come dolce** ?
ケッコーザ　コンスィッリャ　　コーメ　ドルチェ
おすすめは何ですか?　　　どんな　デザート

料理の種類

イタリア料理は、おもに次のような種類に分けられます。

前菜	antipasto (アンティパスト) 冷製料理など。	デザート	dolce/dessert (ドルチェ/デッセル)
第1の皿	primo piatto (プリーモ ピャット) スープやパスタなど。	飲み物	bevande (ベヴァンデ)
第2の皿	secondo piatto (セコンド ピャット) メインディッシュの肉／魚介料理。		ハウスワイン以外のワインは、料理のメニューとは別のワインリストから選びます。
つけ合わせ	contorno (コントルノ) メインディッシュにそえる野菜のつけ合わせ。		

イタリア料理の人気メニューを見てみましょう。

Menù

---*Antipasti*---

生ハムとメロン	ムール貝	前菜の盛り合わせ
Prosciutto e melone	*Cozze*	*Antipasto misto*
プロシュット エ メローネ	コッツェ	アンティパスト ミスト

---*Primi*---

あさりのスパゲティ	ラザニア	ペンネアラビアータ
Spaghetti alle vongole	*Lasagne*	*Penne all'arrabbiata*
スパゲッティ アッレ ヴォンゴレ	ラザンニェ	ペンネ アッラッラビャータ

---*Secondi*---

鶏肉のトマトとキノコ焼き		仔牛肉の薄切りロースト
Pollo al pomodoro e funghi		*Fettina di vitello*
ポッロ アル ポモドーロ エ フンギ		フェッティーナ ディ ヴィテッロ
舌平目のムニエル		エビのグリル
Sogliola alla mugnaia		*Gamberi alla griglia*
ソッリョラ アッラ ムンニャイア		ガンベリ アッラ グリッリャ

---*Contorni*---

ホウレン草	インゲン豆	ミックスサラダ
Spinaci	*Fagiolini*	*Insalata mista*
スピナーチ	ファジョリーニ	インサラータ ミスタ

---*Dolce*---

チョコレートケーキ	パンナコッタ	レモンタルト
Dolce al cioccolato	*Panna cotta*	*Torta al limone*
ドルチェ アル チョッコラート	パンナ コッタ	トルタ アル リモーネ

---*Bevande*---

ミネラルウォーター	ビール	ハウスワイン
Acqua minerale	*Birra*	*Vino della casa*
アックワ ミネラーレ	ビッラ	ヴィーノ デッラ カーザ

★ミネラルウォーターを注文する時は、ガス入り（con gas [コン ガス]）かガスなし（senza gas [センツァ ガス]）かを伝えましょう。
★瓶ビールには「小」piccola [ピッコラ]と「大」grande [グランデ]があります。
★ハウスワインは1/4 L [ウン クワルト]、1/2 L [メッゾ リトゥロ]、1 L [ウン リトゥロ]単位で頼みます。通常1/4 LのL（litro [リトゥロ]）は省略して言います。

ミニ会話

MARIKO: 第1の皿のおすすめは何ですか?
Che cosa consiglia come primo?
ケッコーザ　コンスィッリャ　コーメ　プリーモ

CAMERIERE: そうですね。パッリャ エ フィエーノが おすすめです。
Allora, vi consiglio
アッローラ　ヴィ　コンスィッリョ
paglia e fieno.
パッリャ　エ　フィエーノ

※cameriere[カメリエーレ]は「ウエイター」という意味です。

MARIKO: それは何ですか?
Che cos'è?
ケッコゼー

CAMERIERE: 2種類のタリアテッレで、1つは卵入り、もう1つはホウレン草入りです。
Sono due tipi di tagliatelle,
ソーノ　ドゥーエ　ティーピ　ディ　タッリャテッレ
uno con uovo e uno con spinaci.
ウーノ　コン　ウォーヴォ　エ　ウーノ　コン　スピナーチ

★タリアテッレは、幅広の平打ちパスタです。

※uovoは「卵」、spinaciは「ホウレン草」という意味です。

MARIKO: わかりました、じゃあパッリャ エ フィエーノを2つください。
Bene, allora due paglia e fieno,
ベーネ　アッローラ　ドゥーエ　パッリャ　エ　フィエーノ
per favore.
ペル　ファヴォーレ

★注文は、メニューに書いてある料理名の前に数を付けて言えばOKです。

CAMERIERE: お飲み物は?
E da bere?
エ　ダ　ベーレ

MARIKO: 赤ワインをボトルで1本ください。
Una bottiglia di vino rosso.
ウナ　ボッティッリャ　ディ　ヴィーノ　ルロッソ

※瓶入りの飲み物は、数+bottiglia(瓶)+di(〜の)と表します。

これも使える！ レストランでの表現いろいろ　CD 58

● 中に何が入っていますか？
Che cosa c'è dentro?
ケッコーザ　チェ　デントゥロ

● ハーフサイズはありますか？
C'è la mezza porzione?
チェ　ラ　メッザ　ポルツィオーネ

※mezza（半分）+ porzione（1人前）という表現です。

● 私はチーズにアレルギーがあります。
Sono allergica al formaggio.
ソーノ　アッレルジカ　アル　フォルマッジョ

※allergica（アレルギー体質の）は女性が言う場合。男性ならallergico［アッレルジコ］なります。

● 塩を少なめで、お願いします。
Con poco sale, per favore.
コン　ポーコ　サーレ　ペル　ファヴォーレ

※senzaと逆の意味のcon（〜付きの）を使った表現。

● チーズ抜きでお願いします。
Senza formaggio, per favore.
センツァ　フォルマッジョ　ペル　ファヴォーレ

※senza（〜なしで）は苦手なものを入れてほしくない時に便利な表現です。

PARTE 4　その場で役立つ！ 場面別フレーズ

覚えて役立つ！ ウエイターの表現

CD 59

レストランでは、ウエイターから声をかけてくることが多いので、相手が言うフレーズを聞き取ることが重要です。ここでは、ウエイターが使う定番表現を紹介します。返答は、短く明確に答えるのがポイントです。

● 何名様ですか？

Quante persone?
クワンテ　　ペルソーネ

●返答例：Tre. [トゥレ]（3人です）… 短く数字だけを言えばOK。

● 席は店の中がいいですか？ 外がいいですか？

Dentro o fuori?
デントゥロ　オ　フオーリ

●返答例：Dentro, grazie. [デントゥロ グラツィエ]（中がいいです、ありがとう）
… 提案されたことに答える場合は、grazie を忘れずに。

● こちらへどうぞ。

Prego, da questa parte.
プレーゴ　　ダ　　クェスタ　　パルテ

● こちらでよろしいですか？

Va bene qui?
ヴァ　ベーネ　クィ

●返答例：Sì, grazie. [スィ グラツィエ]
（はい、ありがとう）
No, va bene lì? [ノ ヴァ ベーネ リ]
（いいえ、あちらでもいいですか？）

● どうぞ、おかけください。（客が1人の場合）

Prego, si accomodi.
プレーゴ　　スィ　　アッコモディ

… 客が複数なら、Prego, accomodatevi.
[プレーゴ アッコモダーテヴィ] になります。

94

● ご注文は？（客が1人の場合）

Vuole ordinare? …客が複数なら、Vuole が Volete [ヴォレーテ] になります。
　ヴオーレ　　オルディナーレ

・・

● 何になさいますか？（客が1人の場合）

Che cosa prende? … 客が複数なら、prende が prendete [プレンデーテ]
　ケ　コーザ　　プレンデ　　　になります。

- 返答例：〜, per favore. [ペル ファヴォーレ]（〜をください）

・・

● ご要望はございますか？

Prego, mi dica.
　プレーゴ　　ミ　ディーカ

・・

● 他にご注文は？

Altro?
　アルトゥロ

- 返答例：Basta, grazie. [バスタ グラッツィエ]（以上です、ありがとう）

・・

● （食事が終わって）終わりましたか？

Finito?
　フィニート

・・

● お皿を下げてもいいですか？

Posso?
　ポッソ

- 返答例：Sì. [スィ]（はい）
　　　　 No, non ancora. [ノ ノン アンコーラ]
　　　　（いいえ、まだです）

PARTE 4 その場で役立つ！ 場面別フレーズ

観光案内所で

p.66ではシンプルに道順を尋ねる表現でしたが、ここでは目的地までどんな交通機関を使ったらいいかを教えてもらう表現を覚えましょう。

行き方を尋ねる

CD 60

～にはどうやって行ったらいいですか？
Come si arriva a ～?
コーメ　スィ　アルリーヴァ　ア

疑問詞 come（どうやって）と si + arriva（「着く」という意味の動詞 arrivare（アルリヴァーレ）の三人称単数）を使って、目的地までの行き方を尋ねる表現です。

大聖堂にはどうやって行ったらいいですか？

Come si arriva（コーメ スィ アルリーヴァ）
どうやって行ったらいいですか？

al Duomo（アル ドゥオモ）**?**
大聖堂に

前置詞 a（～に）は定冠詞と組み合わせて、次のような形になります。

	il	la	lo	i	le	gli
a+定冠詞	al アル	alla アッラ	allo アッロ	ai アイ	alle アッレ	agli アッリィ

覚えておきたい関連単語

- □ 飛行機　**aereo**　アエレオ
- □ タクシー　**taxi**　タクスィー
- □ バス　**autobus**　アウトブス
- □ 地下鉄　**metro**　メトゥロ
- □ 電車　**treno**　トゥレーノ
- □ 路面電車　**tram**　トゥラム

キーワード
Parole chiave 街にあるもの

Come si arriva a のあとに行きたい所を加えて、行き方を尋ねてみましょう。

■ スタジアム
lo (→allo) stadio
ロ　　　　スターディオ

■ 劇場
il (→al) teatro
イル　　　テアトゥロ

■ 博物館
il (→al) museo
イル　　　ムゼーオ

■ 城
il (→al) castello
イル　　　カステッロ

■ 旧市街
il (→al) centro storico
イル　　チェントゥロ　ストーリコ

■ 広場
la (→alla) piazza
ラ　　　　ピャッツァ

PARTE 4
その場で役立つ！場面別フレーズ

ミニ会話

HIROSHI: すみません、スタディオ・オリンピコにはどうやって行ったらいいですか?
Scusi, come si arriva allo Stadio Olimpico?
スクーズィ コーメ スィ アッリーヴァ アッロ スターディオ オリンピコ

★ Stadio Olimpicoはローマにあるサッカースタジアムです。

STAFF: それでは、フラミニオ広場から路面電車に乗ってください。
Allora, prenda il tram da piazzale Flaminio.
アッローラ プレンダ イル トゥラム ダ ピャッツァーレ フラミーニオ

※動詞 prendere[プレンデレ] (乗る)を使った表現。

HIROSHI: (地図を見せながら)
フラミニオ広場はどこですか?
Dov'è piazzale Flaminio?
ドヴェ ピャッツァーレ フラミーニオ

STAFF: (地図を指して)
ここです、ポポロ広場の近くです。
地下鉄のフラミニオ駅があります。
È qui, vicino piazza del Popolo.
エ クィ ヴィチーノ ピャッツァ デル ポポロ
C'è la stazione metro Flaminio.
チェ ラ スタツィオーネ メトゥロ フラミーニオ

HIROSHI: ありがとう。さようなら。
Grazie. Arrivederci.
グラツィエ アリヴェデルチ

STAFF: よい一日を。
Buona giornata.
ブオーナ ジョルナータ

これも使える！ 案内所での表現いろいろ 〈CD 63〉

● オルヴィエートの見どころは何ですか？

Che cosa c'è da vedere a Orvieto?
ケッコーザ　チェ　ダ　ヴェデーレ　ア　オルヴィエート

※che（何）＋cosa（物）と動詞vedere（見る）を使って、名所や見どころを尋ねる表現です。

● この辺りに郷土料理の店はありますか？

C'è un ristorante tipico qui vicino?
チェ　ウン　リストランテ　ティーピコ　クィ　ヴィチーノ

※形容詞tipicoは「特徴的な」という意味で、ristorante（レストラン）とセットで「郷土料理の店」。qui（ここに）＋vicino（近くの）は、近所のおすすめの店を尋ねる時に便利な表現。

● この地域特有のおみやげは何ですか？

Qual è un souvenir tipico di questa zona?
クワレー　ウン　スヴェニル　ティーピコ　ディ　クェスタ　ゾーナ

● スペイン広場の近くに安いホテルはありますか？

C'è un hotel non caro vicino piazza di Spagna?
チェ　ウノテル　ノン　カーロ　ヴィチーノ　ピャッツァ　ディ　スパンニャ

※caro（値段が高い）の前に否定のnonを付ければ、「高くない＝安い」という意味になります。

PARTE 4　その場で役立つ！ 場面別フレーズ

劇場で

オペラのチケットは、ホテルで予約してもらえます。イタリアではかなり遅い時間から始まるので、開演／終演時間を確認しておきましょう。

始まり／終わりの時刻を尋ねる　CD 64

何時に〜?
A che ora 〜?
アッケ　　オーラ

疑問詞 che ＋ ora（時）で、時刻を確認する表現を覚えましょう。

何時に始まりますか?

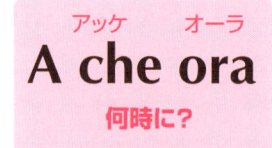

A che ora （アッケ オーラ／何時に?） **comincia** （コミンチャ／始まる） **?**

何時に終わりますか?

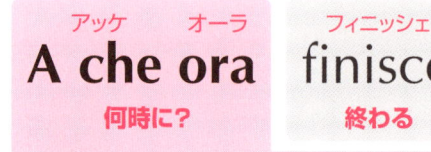

A che ora （アッケ オーラ／何時に?） **finisce** （フィニッシェ／終わる） **?**

覚えておきたい関連単語

予約の際に役立つ、次の単語も覚えておきましょう。

- □ 劇場　teatro（テアトゥロ）
- □ 席　posto（ポスト）
- □ 満席　tutto esaurito（トゥット エザウリート）
- □ 野外オペラ　opera all'aperto（オペラ アッラペルト）

🗝 キーワード Parole chiave | 座席の種類

CD 65

オペラなどの劇場の座席には、次のように特有の呼び方があります。

■ 天井桟敷
loggione
ロッジョーネ
※ベンチ型の椅子で一番安い席

■ ギャラリー席
galleria
ガッレリーア
※最上階の席

■ ボックス席
palco
パルコ
※2階以上の位置にある4～6人用のます席

■ 平土間
platea
プラテア
※1階の（値段が）一番高い席

PARTE 4 その場で役立つ！ 場面別フレーズ

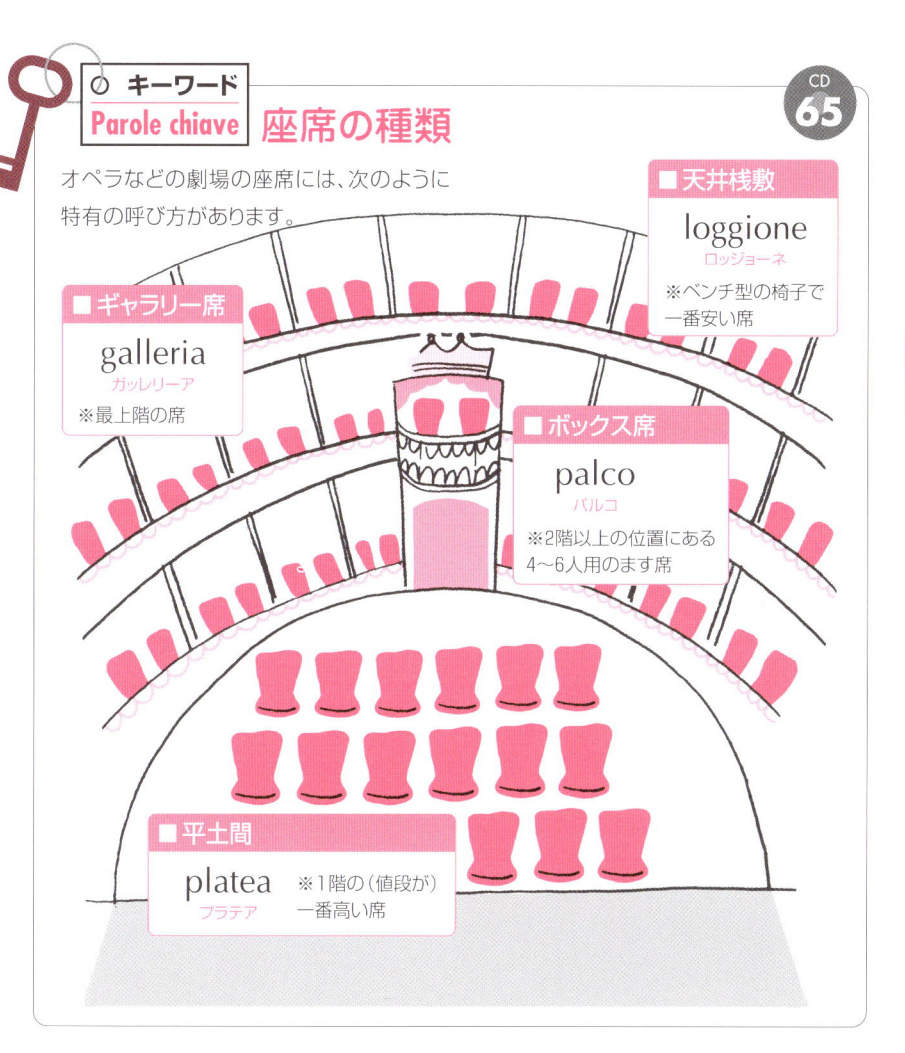

pausa caffè 自然の中で楽しむオペラ

夏のイタリアでオペラを見るなら、特におすすめなのが野外オペラです。舞台となるのはローマのカラカラ浴場やヴェローナのアレーナ（闘技場）などの古代遺跡。オペラが始まるのは夜9時頃で、終わるのは深夜1時頃。夜の涼しい風を感じながら、素晴らしい舞台が楽しめます。

ミニ会話

MARIKO: ギャラリー席のチケットを2枚ください。
Due biglietti galleria, per favore.
ドゥーエ ビッリェッティ ガッレリーア ペル ファヴォーレ

※チケットは、枚数＋biglietti（チケット）＋座席の種類を言うだけで購入できます。

STAFF: どうぞ。
Prego.
プレーゴ

MARIKO: 何時に終わりますか？
A che ora finisce?
アッケ オーラ フィニッシェ

STAFF: 24時です。
Alle 24：00.
アッレ ヴェンティクワットゥロ

MARIKO: とても遅いですね！
È molto tardi!
エ モルト タルディ

※moltoは「とても」、tardiは「遅い」です。

STAFF: イタリアでは普通です。
In Italia è normale.
イニターリア エ ノルマーレ

MARIKO: わかりました。ありがとう。さようなら。
Va bene. Grazie. Arrivederci.
ヴァ ベーネ グラツィエ アリヴェデルチ

STAFF: ありがとうございます。よい夜を。
Grazie. Buona serata.
グラツィエ ブオーナ セラータ

これも使える! 劇場での表現いろいろ

CD 67

● 休憩時間はどれくらいですか？

Quanto dura la pausa?
クワント　ドゥーラ　ラ　パウザ

※ dura は「続く」、pausa は「休止、中断」という意味です。

● すみません、この席は予約済みです。

Scusi, questo posto è prenotato.
スクーズィ　クエスト　ポスト　エ　プレノタート

※ もし自分の予約した席に他の人が座っていたら、こう言いましょう。

● すみません、これらの席は予約済みです。

Scusi, questi posti sono prenotati.
スクーズィ　クエスティ　ポスティ　ソーノ　プレノターティ

※ 2つ以上の席に他の人が座っていた場合は、このように複数形で言いましょう。

● 主役は誰ですか？

Chi è il protagonista?
キ　エ　イル　プロタゴニスタ

※ protagonista（主役）は男女同形ですが、前に付く冠詞 il は主役が男性の場合。女性なら la になります。

● どういう話ですか？ 悲劇的？ それともロマンチック？

Che storia è? Tragica o romantica?
ケ　ストーリア　エ　トゥラジカ　オ　ロマンティカ

PARTE 4 その場で役立つ！ 場面別フレーズ

おさらい練習問題

① 次の疑問詞を、正しい意味の日本語と線でつないでください。

come ・　　　　　　　・ どこ

che ora ・　　　　　　・ どうやって

quanto tempo ・　　　・ いくら（運賃）

dove ・　　　　　　　・ 何時（時刻）

quanto costa ・　　　・ どれくらい（かかる時間）

quanto viene ・　　　・ いくら（商品の値段・単数の場合）

② essere の適切な形を空欄に記入してください。

1. 私は日本人です。

　□□□ giapponese.

2. （この人は）私の夫です。

　Questo □□□ mio marito.

104

(3) 点線枠内の単語を正しい順に並べ直し、空欄に記入してください。 ※文頭にくる単語の1文字めは大文字にしてください。

1. ローマ行きの電車はありますか？

> Roma / per / c'è / un / treno

↓

_____ ?

2. バスルームにシャンプーがありません。

> non / lo shampoo / in / c'è / bagno

↓

_____ .

3. デザートのおすすめは何ですか？

> come / cosa / che / dolce / consiglia

↓

_____ ?

解答： ① come＝どうやって／che ora＝何時（時刻）／quanto tempo＝どれくらい（かかる時間）／dove＝どこ／quanto costa＝いくら（商品の値段・単数の場合）／quanto viene＝いくら（運賃）
② **1.** Sono **2.** è ③ **1.** C'è un treno per Roma?
2. In bagno non c'è lo shampoo. **3.** Che cosa consiglia come dolce?

pausa caffè　イタリア人は大食い?!

　イタリアを旅行すると、イタリア人の食事の量に驚くかもしれません。どうしてイタリア人は、たくさん食べることができるのでしょう?

　食事は通常3食(朝食、昼食、夕食)が基本ですが、実はイタリア人は一日のうち、しっかりした食事を2食しか食べません。ほとんどの人は、朝はエスプレッソだけ、一部の人は甘い菓子パンを食べます。子どもはカフェオレに5〜6枚のビスケットを浸して食べます。

　朝食が軽いことと、昼休みを長めにとるというイタリアの習慣もあって、昼食はしっかり食べます。いったん家に帰ってゆっくり食べる、という人も少なくありません。

　イタリアでは夕食の時間が遅く、早くても20時過ぎなので、昼食をゆっくり食べられなかった人はなおさら、夕食をたくさん食べます。そして、夕食が遅い時間のため、翌朝になってもお腹(なか)はほとんどすかず、朝食は軽く済ませる、ということになるのです。

PARTE 5

いろいろな場面で使える！
目的別フレーズ

許可を求める

洋服を試着したり、観光地で写真を撮ったりする時などに、何かをしてもいいかどうか、ひとこと確認をとるのに便利なフレーズです。

CD 68

～してもいいですか？
Posso + 動詞の原形？

ポッソ

↑
potere の一人称単数

「～できる」という意味の補助動詞 potere（ポテーレ）を使って許可を求める表現です。動詞 provare（プロヴァーレ）（試す）の原形を続けた例を見てみましょう。

試着してもいいですか？

ポッソ	プロヴァーレ	
Posso	**provare**	**?**
～してもいいですか？	試す	

人称で形が変化する

Posso～? は主語が「私」の場合。「私たち」なら一人称複数の Possiamo～? になります。

（私たちは）座ってもいいですか？
Possiamo sedere?
ポッスィアーモ　セデーレ

※例えばテーブル席を指差して「Posso?/Possiamo?」と言えば、動詞の原形なしでも「座ってもいいですか？」という意味が相手に伝わります。

キーワード
Parole chiave 許可を求めたいこと

Posso のあとに動詞の原形を続けて、いろいろな許可を求めてみましょう。

ショップで

Posso + ■触る **toccare** ?
ポッソ　　　　トッカーレ

＝触ってもいいですか？

ジェラート店で

Posso + ■味見する **assaggiare** ?
ポッソ　　　　アッサジャーレ

＝味見してもいいですか？

※フレーバーの表現はp.127を参照。

市場で

Posso + ■買う **comprare** + ■〜だけ **solo** + ■1つのリンゴ **una mela** ?
ポッソ　　　　コンプラーレ　　　　　　ソロ　　　　　　　　　ウナ　メーラ

＝リンゴを1つだけ買ってもいいですか？

観光地で

Posso + ■撮る **fare** + ■1枚の写真 **una foto** ?
ポッソ　　　　ファーレ　　　　　　　　ウナ　フォト

＝写真を撮ってもいいですか？

※foto は女性名詞 fotografia [フォトグラフィーア]の省略形なので、-o で終わっていても女性名詞です。省略形のfotoは、単数形でも複数形でも変化しません。

PARTE 5 いろいろな場面で使える！ 目的別フレーズ

ミニ会話

CD 70

MARIKO: こんにちは。ショーウィンドーにある白いシャツを見せてもらっていいですか？
Buongiorno. Posso vedere la camicia bianca in vetrina?
ブオンジョルノ　ポッソ　ヴェデーレ　ラ　カミーチャ　ビャンカ　イン　ヴェトゥリーナ

STAFF: どうぞ。
Prego.
プレーゴ

MARIKO: 試着してもいいですか？
Posso provare?
ポッソ　プロヴァーレ

STAFF: はい、もちろん。
Sì, certo.
スィ　チェルト

試着をしてみて

MARIKO: 少し小さいです。もっと大きいのはありますか？
È un po' piccola. C'è più grande?
エ　ウン　ポ　ピッコラ　チェ　ピュー　グランデ

※piccola（小さい）は女性名詞を指す場合。男性名詞ならpiccolo [ピッコロ] になります。

STAFF: はい、これがあります。
Sì, c'è questa.
スィ　チェ　クエスタ

MARIKO: これで結構です。クレジットカードで払ってもいいですか？
Questa va bene. Posso pagare con carta di credito?
クエスタ　ヴァ　ベーネ　ポッソ　パガーレ　コン　カルタ　ディ　クレディト

110

キーワード Parole chiave 洋服と色

CD 71

- ■セーター **maglione** マリョーネ
- ■ジャケット **giacca** ジャッカ
- ■Tシャツ **maglietta** マリエッタ
- ■ズボン **pantaloni** パンタローニ
- ■スカート **gonna** ゴンナ

色を表す形容詞には、修飾する名詞の性と数に合わせて語尾変化するものと、しないものがあります。

sciarpa nera = 黒いマフラー
シャルパ　ネーラ

▼ 語尾変化するもの

■黒い	■青い（水色の）
nero ネーロ	azzurro アッズロ
■グレーの	■黄色い
grigio グリジョ	giallo ジャッロ
■白い	■茶色い
bianco ビアンコ	marrone マルローネ
■赤い	■緑色の
rosso ロッソ	verde ヴェルデ

▶ 語尾変化しないもの

■ピンクの	
rosa ローザ	
■紫色の	viola ヴィオーラ
■オレンジ色の	arancione アランチョーネ
■紺色の	blu ブルー
■ベージュの	beige ベージュ

PARTE 5 いろいろな場面で使える！目的別フレーズ

111

依頼する

バールの店員やタクシーの運転手などに何かをしてもらいたい時に使える便利な表現です。

〜していただけますか？
Può + 動詞の原形 〜？

プオー

↑
potere の三人称単数

può は補助動詞 potere（ポテーレ）（〜できる）の三人称単数で、Lei（レイ）（あなた）に対する敬語表現です。主語代名詞 Lei は省略されています。

温めていただけますか？

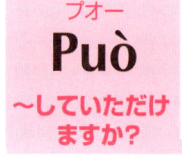

プオー	リスカルダーレ	ペル ファヴォーレ	
Può	riscaldare	, per favore	?
〜していただけますか？	温める	（どうぞ）	

※バールや惣菜店などで使える便利な表現です。

キーワード
Parole chiave | 相手にしてほしいこと

Può のあとに動詞の原形と目的語などを加えて、いろいろなお願いをしてみましょう。

タクシーで

Può + [■消す] spegnere スペンニェレ + [■たばこ] la sigaretta ラ スィガレッタ ?

＝たばこを消していただけますか？

Può + [■つける] accendere アッチェンデレ + [■エアコン] l'aria condizionata ラリア コンディツィオナータ ?

＝エアコンをつけていただけますか？

ショップで

Può + [■小包にする] impacchettare インパッケッターレ + [■別々に] separatamente セパラタメンテ ?

＝別々に包んでいただけますか？

聞き取れない場合

相手の言うことが聞き取れなかった時に役立つ表現です。

もう一度言っていただけますか？
Può ripetere, per favore?
プオー リペーテレ ペル ファヴォーレ

ゆっくり話していただけますか？
Può parlare lentamente, per favore?
プオー パルラーレ レンタメンテ ペル ファヴォーレ

PARTE 5 いろいろな場面で使える！目的別フレーズ

ミニ会話

STAFF: こんばんは。ご注文をどうぞ。
Buonasera. Prego, mi dica.
ブオナセーラ　プレーゴ　ミ　ティーカ

※mi（私に）+dica（言う）で、注文をうながす表現です。

HIROSHI: えーと、このピザを一切れ、持ち帰りでお願いします。
Allora, un pezzo di questa pizza da portare via, per favore.
アッローラ　ウン　ペッツォ　ディ　クエスタ　ピッツァ　ダ　ポルターレ　ヴィーア　ペル　ファヴォーレ

※portareは「持っていく」という意味。

STAFF: ピザはこれくらいで大丈夫ですか？
La pizza va bene così?
ラ　ピッツァ　ヴァ　ベーネ　コズィー

HIROSHI: いいえ、もっと大きく。
No, di più.
ノ　ディ　ピュー

※「もっと小さく」と言いたいなら di meno［ディメノ］です。

STAFF: これでいいですか？
Così?
コズィー

HIROSHI: はい、結構です。温めていただけますか？
Sì, va bene.
スィ　ヴァ　ベーネ
Può riscaldare, per favore?
プオー　リスカルダーレ　ペル　ファヴォーレ

※riscaldareは、冷めたものを温め直す、という意味です。

STAFF: かしこまりました。他にご注文は？
Certo. Altro?
チェルト　アルトゥロ

HIROSHI: 以上です、ありがとう。
Basta, grazie.
バスタ　グラツィエ

キーワード
Parole chiave イタリアのおいしい惣菜

CD 75

■ライスコロッケ
supplì (トマト味)
スップリー

arancino (サフラン味)
アランチーノ

※トマト味はローマ風。イラストはサフラン味のシチリア風です。

■鶏肉のロースト
pollo arrosto
ポッロ　アルロースト

■トマトのご飯詰め
pomodori con riso
ポモドーリ　コン　リーゾ

■ジャガイモのオーブン焼き
patate al forno
パターテ　アル　フォルノ

■ペンネ・アラビアータ
penne all'arrabbiata
ペンネ　アッラッラッピャータ

■ラザニア
lasagna/lasagne
ラザンニャ　ラザンニェ

PARTE 5
いろいろな場面で使える！目的別フレーズ

---

pausa caffè　簡単レシピの菜の花パスタ

　春になると小さな黄色い花を咲かせるのが、菜の花によく似た植物 cime di rapa [チーメ ディ ラーパ]。この茎はプーリア州でパスタ料理に使われます。茎を3センチくらいに切ったら、オリーブオイル、ニンニクとアンチョビを入れたフライパンで炒め、茹でたオレキエッテ（耳たぶ形のパスタ）とからめるだけ。菜の花を使って、作ってみてください。

要望を伝える

自分の要望を相手に伝える際のフレーズです。ホテルやレストランなどに予約を入れたり、確認したりするのにも使える便利な表現です。

～したいのですが。

Vorrei + 動詞の原形 ～.
ヴォルレーイ
↑
volere の一人称単数

vorrei は補助動詞 volere（ヴォレーレ）（～したい）の条件法一人称単数です。「できれば～したいのですが」というやわらかいニュアンスで要望を伝えます。

オペラを見たいのですが。

Vorrei（ヴォルレーイ／～したいのですが） **vedere**（ヴェデーレ／見る） **l'opera**（ロペラ／オペラ）.

あさりのスパゲティを食べたいのですが。

Vorrei（ヴォルレーイ／～したいのですが） **mangiare**（マンジャーレ／食べる） **gli spaghetti**（ツリィ スパゲッティ／スパゲティを） **alle vongole**（アッレ ヴォンゴレ／あさりの）.

🔑 キーワード
Parole chiave 自分がしたいこと

Vorrei のあとに動詞の原形と目的語を加えて、いろいろな要望を伝えてみましょう。

両替所／ホテルで

Vorrei + ■変える cambiare (カンビャーレ) ┬ ■日本円 yen giapponesi (イェン ジャッポネーズィ) .

＝日本円を両替したいのですが。

└ ■部屋 camera (カーメラ) .

＝部屋を換えたいのですが。

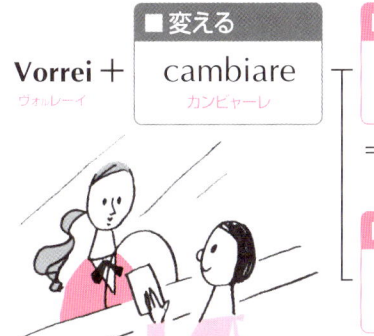

予約と確認

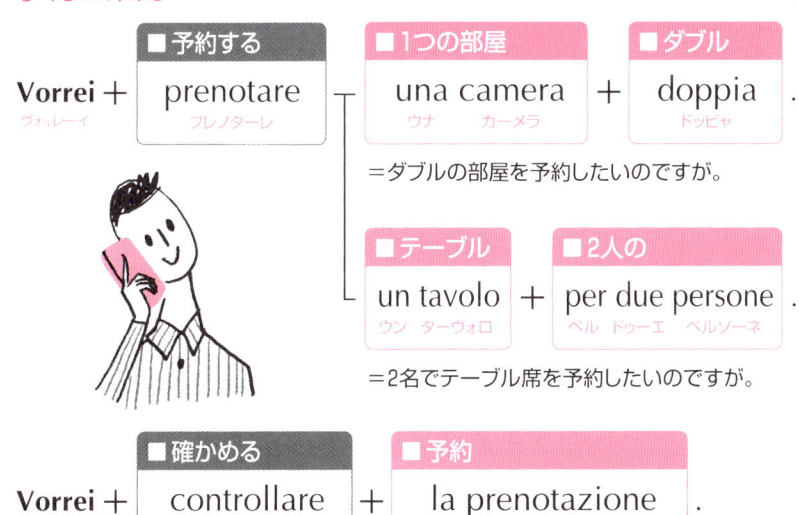

Vorrei + ■予約する prenotare (プレノターレ) ┬ ■1つの部屋 una camera (ウナ カーメラ) + ■ダブル doppia (ドッピャ) .

＝ダブルの部屋を予約したいのですが。

└ ■テーブル un tavolo (ウン ターヴォロ) + ■2人の per due persone (ペル ドゥーエ ペルソーネ) .

＝2名でテーブル席を予約したいのですが。

Vorrei + ■確かめる controllare (コントゥロッラーレ) + ■予約 la prenotazione (ラ プレノタツィオーネ) .

＝予約を確認したいのですが。

PARTE 5 いろいろな場面で使える！ 目的別フレーズ

ミニ会話

CD 78

MARIKO: バスタブ付きの部屋を予約したいのですが。
Vorrei prenotare una camera con vasca da bagno.
ヴォルレーイ プレノターレ ウナ カーメラ コン ヴァスカ ダ バンニョ

※vasca（水槽）+ da bagno（入浴用の）で「バスタブ」という意味です。

STAFF: いつですか？
Per quando?
ペル クワンド

MARIKO: 5月5日から10日までです。
Dal 5 al 10 maggio.
ダル チンクェ アルディエーチ マッジョ

※maggioは「5月」（日付の表現はp.18参照）。

STAFF: 5泊、かしこまりました。お名前は？
Cinque notti, benissimo.
チンクェ ノッティ ベニッスィモ
A che nome?
アッケ ノーメ

MARIKO: ミヤザキマリコです。部屋代はいくらですか？
Mariko Miyazaki.
マリコ ミヤザキ
Quanto viene la camera?
クワント ヴィエーネ ラ カーメラ

STAFF: 朝食付きで、1泊120ユーロです。
120 euro a notte,
チェントヴェンティ エウロ ア ノッテ
colazione compresa.
コラツィオーネ コンプレーザ

※colazioneは「朝食」。compresa（含む）は、同じ意味のinclusa［インクルーザ］にしてもOK。

MARIKO: それで結構です。
Allora va bene.
アッローラ ヴァ ベーネ

キーワード
Parole chiave 部屋の種類と食事

CD 79

■ シングルルーム
camera singola
カーメラ　スィンゴラ

■ ダブルルーム
camera doppia
カーメラ　ドッピャ

■ ダブルベッド付きの部屋
camera matrimoniale
カーメラ　マトゥリモニャーレ

▼ camera〜（〜部屋）
カーメラ

■ シャワー付きの
con doccia
コン　ドッチャ

■ 眺めのいい
con vista
コン　ヴィスタ

■ 海に面した
con vista sul mare
コン　ヴィスタ　スル　マーレ

■ 静かな
silenziosa
スィレンツィオーザ

PARTE 5 いろいろな場面で使える！ 目的別フレーズ

■ 朝食
(prima) colazione
プリマ　コラツィオーネ

■ ランチ
pranzo
プランツォ

■ ディナー
cena
チェーナ

■ コンチネンタル・ブレックファスト
continental breakfast
コンティネンタル　ブレックファストゥ

■ アメリカン・ブレックファスト
american breakfast
アメリカン　ブレックファースト

教えてもらう

慣れない旅先では、わからないことがいろいろあるでしょう。そんな時は近くのイタリア人に声をかけて、教えてもらうのが一番です。

CD 80

～すればいいですか?

疑問詞 + devo ～ ?

デーヴォ

↑
dovere の一人称単数

疑問詞と補助動詞 dovere（ドヴェーレ）（～しなければならない）を組み合わせた表現です。dove（どこ）を使った表現を見てみましょう。

どこで降りればいいですか?

ドーヴェ　　デーヴォ　　　　　シェンデレ
Dove devo　　**scendere**　**?**
どこで～すればいいですか?　　降りる

★イタリアのバスは車内アナウンスがなく、詳しいバス停の表示もないので、運転手とのコミュニケーションが必要になります。運転手に行き先を伝えて、降りる場所を教えてもらいましょう。

返答例

返答にも devo が使われます。

3番目の停留所で降りてください。
Deve scendere alla terza fermata.
デーヴェ　　シェンデレ　　アッラ　テルツァ　　フェルマータ

キーワード
Parole chiave 教えてほしいこと

疑問詞と devo の組み合わせのあとに動詞の原形などを加えて、いろいろなことを教えてもらいましょう。

dove（どこ）＋ devo

Dove devo ＋ ■変える **cambiare** ＋ ■電車 **treno** ？
トーヴェ デーヴォ カンビャーレ トゥレーノ

＝どこで電車を乗り換えればいいですか？

Deve cambiare a Termini.
デーヴェ カンビャーレ ア テールミニ

＝テルミニ駅で乗り換えてください。

※ deve は「あなた」に対する dovere の活用形。親しみを込めて「君」に対する devi［デーヴィ］が使われる場合もあります。

come（どうやって）＋ devo

Come devo ＋ ■する、行う **fare** ？
コーメ デーヴォ ファーレ

＝どうすればいいですか？

Deve fare così. ＝こうしてください。
デーヴェ ファーレ コズィー

che mezzi（どんな手段）＋ devo

Per andare al Vaticano
ペランダーレ アル ヴァティカーノ

che mezzi devo ＋ ■乗る **prendere** ？
ケ メッヅィ デーヴォ プレンデレ

＝バチカンに行くにはどの交通機関に乗ればいいですか？

Deve prendere la metro linea A.
デーヴェ プレンデレ ラ メトゥロ リネア ア

＝地下鉄のA線に乗ってください。

PARTE 5 いろいろな場面で使える！ 目的別フレーズ

ミニ会話

MARIKO: すみません、カタコンベへ行かなければなりません。どこで降ればいいですか？
Scusi, devo andare alle Catacombe.
スクーズィ　デーヴォ　アンダーレ　アッレ　カタコンベ
Dove devo scendere?
ドーヴェ　デーヴォ　シェンデレ

★Catacombe（カタコンベ）とは、ローマ時代のキリスト教の地下墓地で、観光名所です。

AUTISTA: 4つ目です。
私が教えますから、こちらでお待ちください。
Alla quarta.
アッラ　クワルタ
Aspetti qui, glielo dico io.
アスペッティ　クィ　ッリェーロ　ディーコ　イオ

※autista [アウティスタ] は「運転手」という意味です。
※quarta のあとには fermata [フェルマータ]（停留所）が省略されています。

MARIKO: はい、ありがとうございます。
Sì, grazie.
スィ　グラツィエ

【目的地に着いて】

AUTISTA: ほら、こちらです。
Ecco, è qui.
エッコ　エ　クィ

MARIKO: たびたびすみません、帰りのチケットを買わなければなりません。
Scusi ancora, devo comprare
スクーズィ　アンコーラ　デーヴォ　コンプラーレ
il biglietto per il ritorno.
イル　ビッリェット　ペル　イル　リトルノ

※ancora は「また、再び」という意味。

この近くにたばこ屋はありますか？
C'è una tabaccheria qui vicino?
チェ　ウナ　タバッケリーア　クィ　ヴィチーノ

★イタリアのたばこ屋では、バスの切符も扱っています。

AUTISTA: はい、そこです。
Sì, è lì.
スィ　エ　リ

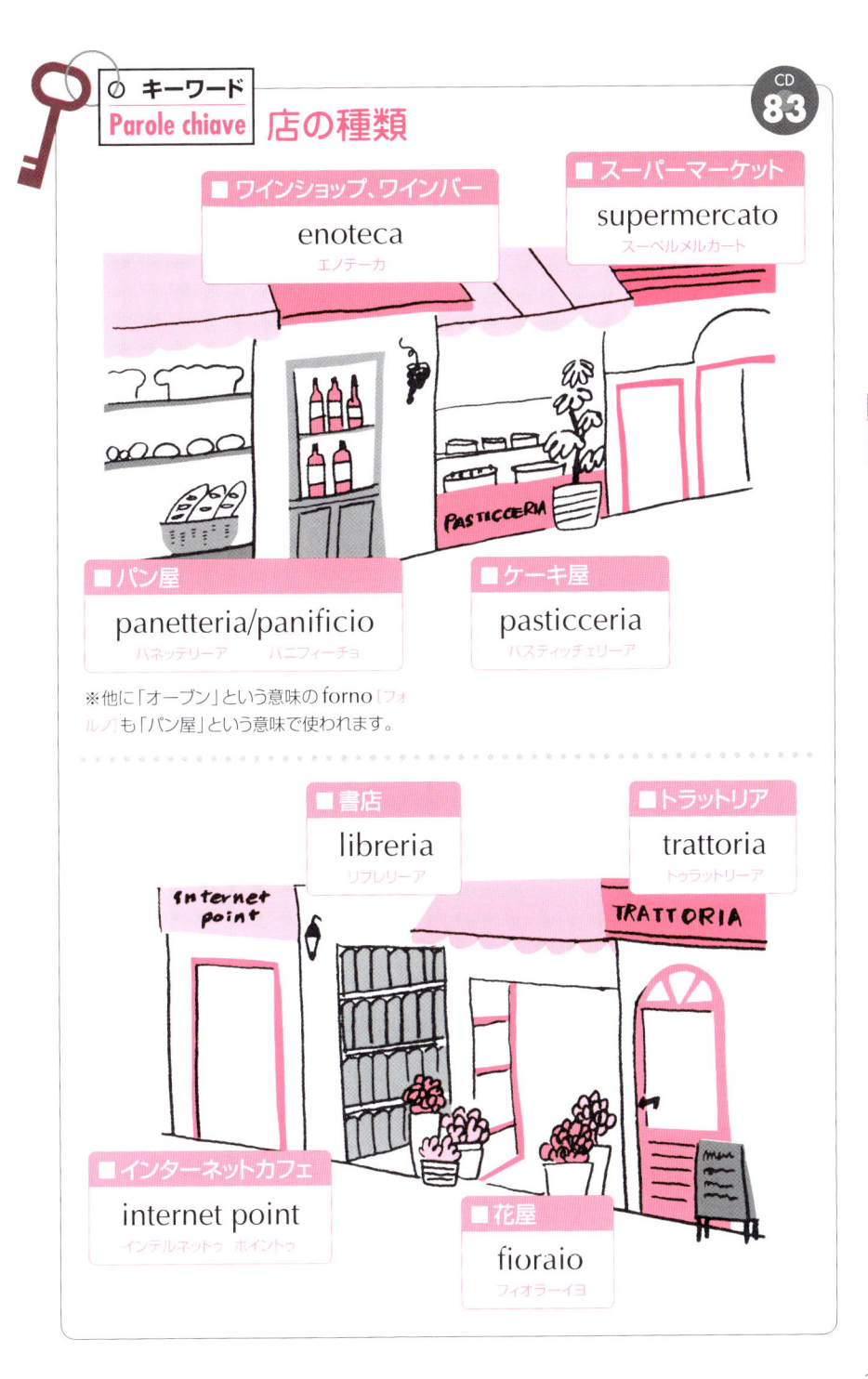

キーワード
Parole chiave | 店の種類

CD 83

■ ワインショップ、ワインバー
enoteca
エノテーカ

■ スーパーマーケット
supermercato
スーペルメルカート

■ パン屋
panetteria/panificio
パネッテリーア　パニフィーチョ

■ ケーキ屋
pasticceria
パスティッチェリーア

※他に「オーブン」という意味のforno［フォルノ］も「パン屋」という意味で使われます。

■ 書店
libreria
リブレリーア

■ トラットリア
trattoria
トゥラットリーア

■ インターネットカフェ
internet point
インテルネットゥ　ポイントゥ

■ 花屋
fioraio
フィオラーイヨ

PARTE 5
いろいろな場面で使える！ 目的別フレーズ

好みを伝える

自分が好きなもののことを話す時に便利なのが、動詞 piacere。イタリア語では「〜が私に好かれている」という表現を使います。

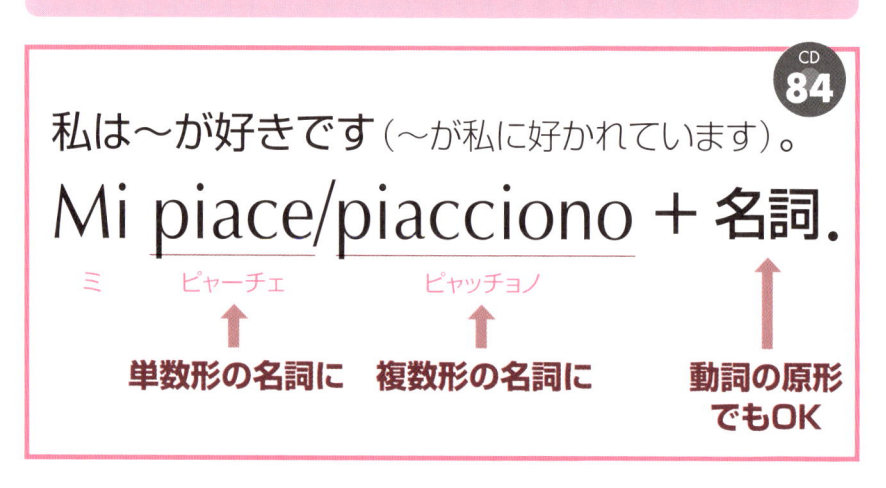

CD 84

私は〜が好きです（〜が私に好かれています）。

Mi piace/piacciono ＋ 名詞.
　ミ　　　ピャーチェ　　　　ピャッチョノ

↑ 単数形の名詞に　　↑ 複数形の名詞に　　↑ 動詞の原形でもOK

　好きなものが単数形の名詞の場合は三人称単数の piace ですが、複数形の場合は三人称複数 piacciono になります。

私はジェラートが好きです。

Mi piace **il gelato** .
ミ　ピャーチェ　　イル　ジェラート
私は〜が好きです　　ジェラート

私はスパゲティが好きです。

Mi piacciono **gli spaghetti** .
ミ　ピャッチョノ　　ツリィ　スパゲッティ
私は〜が好きです　　スパゲティ

※一般的に好みの話をする場合、液体（ワインなど）、クリーム状（ジェラートなど）、小さな粒状（米など）、粉状（砂糖など）の物は単数形で使われますが、例外もあります。

間接目的語代名詞

mi（私に）以外の代名詞もまとめて覚えておきましょう。

私に	mi ミ	私たちに	ci チ
君に	ti ティ	君たちに	vi ヴィ
あなたに	Le レ	あなたたちに	
彼に	gli ッリィ	彼らに	gli ッリィ
彼女に	le レ	彼女らに	

彼は犬が好きです。

Gli piacciono i cani.
ッリィ　ピャッチョノ　イ　カーニ

※一般的に「犬が好き」は複数形になります。

キーワード
Parole chiave 好きなこと　CD 85

Mi piace のあとに名詞を続けると、好きな「もの」を表しますが、ここでは動詞の原形を続けて、自分が好きな「こと」を表してみましょう。

Mi piace ＋ ■泳ぐ **nuotare** ．
ミ ピャーチェ　　　　ヌオターレ

＝私は泳ぐのが好きです。

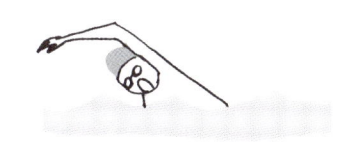

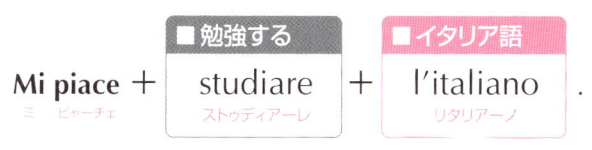

Mi piace ＋ ■読む **leggere** ＋ ■本 **i libri** ．
ミ ピャーチェ　　　　レッジェレ　　　　イ リーブリ

＝私は読書が好きです。

Mi piace ＋ ■勉強する **studiare** ＋ ■イタリア語 **l'italiano** ．
ミ ピャーチェ　　　　ストゥディアーレ　　　　リタリアーノ

＝私はイタリア語を勉強するのが好きです。

PARTE 5　いろいろな場面で使える！目的別フレーズ

ミニ会話

ANTONIO: 君はジェラートは好き？
Ti piace il gelato?
ティ ピアーチェ イル ジェラート

MARIKO: もちろん！
Sì, certo!
スィ チェルト

ANTONIO: じゃあ、ジェラート店へ行こうよ。
僕がおごるよ! 何の味にする？
Allora andiamo in gelateria.
アッローラ アンディアーモ イン ジェラテリーア
Offro io! Che gusti?
オッフロ イオ ケ グスティ

※ offrire［オッフリーレ］（提供する）を使った表現。gusti は gusto［グスト］（味）の複数形です。

MARIKO: チョコレートとヘーゼルナッツに生クリームのトッピングで。
Cioccolato e nocciola
チョッコラート エ ノッチョーラ
con panna.
コン パンナ

※ con（〜付きの）+ panna（生クリーム）で「生クリームのトッピング」という意味です。

ジェラート店で

ANTONIO: こんにちは。
コーンを2つ、チョコレートとヘーゼルナッツに生クリームのトッピングでお願いします。
Buongiorno.
ブオンジョルノ
Due coni cioccolato e nocciola
ドゥーエ コーニ チョッコラート エ ノッチョーラ
con panna, per favore.
コン パンナ ペル ファヴォーレ

※ coni は cono［コーノ］の複数形。注文をする際にはまずコーンかカップ（coppetta［コッペッタ］）かを伝えます。

キーワード
Parole chiave ジェラートのフレーバー

CD 87

■ バニラ
crema
クレーマ

■ ミルク
fior di latte
フィオル ディ ラッテ

■ マーブルチョコ
stracciatella
ストゥラッチャテッラ

■ ピスタチオ
pistacchio
ピスタッキョ

■ ヘーゼルナッツ風味のチョコ
bacio
バーチョ

■ 卵クリーム
zabaione
ザバヨーネ

★zabaione とは、マルサラ酒（シチリア島マルサラで作られる果実酒）を卵ベースのクリームに加えたもの。

■ イチゴ	■ レモン	■ メロン
fragola フラーゴラ	**limone** リモーネ	**melone** メローネ
■ パイナップル	■ エスプレッソ	■ ミント
ananas アナナス	**caffè** カッフェー	**menta** メンタ

PARTE 5 いろいろな場面で使える！目的別フレーズ

pausa caffè　真冬でもジェラート

　イタリア人は子どもから大人まで甘いものが大好きですが、一番人気なのはジェラート。ジェラート店は一年中繁盛していて、真冬でもコートにマフラー姿でジェラートを食べる人を見かけるほどです。イタリアでは生クリーム（panna）のトッピングがサービスなので、ぜひ試してみてください。

経験を表す

近過去（p.40〜41参照）を使って今まで経験したことを話せるようになれば、イタリア人との会話がより深いものになります。

CD 88

〜しました

avere/essere ＋ 過去分詞

アヴェーレ　　　エッセレ

↑ ほとんどの動詞に　　↑ 一部の動詞に

経験したことを表すには、助動詞 avere/essere のあとに動詞の過去分詞を続けます。avere/essere は主語の性と数によって変化します。

私は日本でイタリア語を勉強しました。

オ	ストゥディアート	イタリアーノ	イン　ジャッポーネ
Ho	studiato	italiano	in Giappone
（私は）〜ました	勉強した	イタリア語	日本で

．

私たちは9時に出発しました。

スィアーモ	パルティーティ	アッレ　ノーヴェ
Siamo	partiti	alle 9:00
（私たちは）〜ました	出発した	9時に

．

※近過去では avere/essere の形から主語がわかるので、通常主語は省略されます。

キーワード
Parole chiave 経験したこと

助動詞 avere/essere のあとに動詞の過去分詞を続けて、いろいろな過去の出来事を伝えてみましょう。

avere ＋ 過去分詞

Ho ＋ ■忘れた **dimenticato** ＋ ■鍵 **la chiave** ＋ ■部屋に **in camera** ．

＝私は部屋に鍵を忘れました。

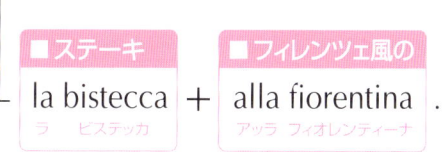

Abbiamo ＋ ■食べた **mangiato** ┬ ■たいへんよく **benissimo** ．

＝私たちはとてもおいしく食べました。

└ ■ステーキ **la bistecca** ＋ ■フィレンツェ風の **alla fiorentina** ．

＝私たちはフィレンツェ風ステーキを食べました。

essere ＋ 過去分詞

Sono ＋ ■行った（女性・単数） **andata** ＋ ■ウフィツィ美術館に **alla Galleria degli Uffizi** ．

＝私はウフィツィ美術館に行きました。

PARTE 5　いろいろな場面で使える！目的別フレーズ

過去の状態を表す

過去の状態を説明したり、天気の話をするには半過去（p.42～43参照）を使います。

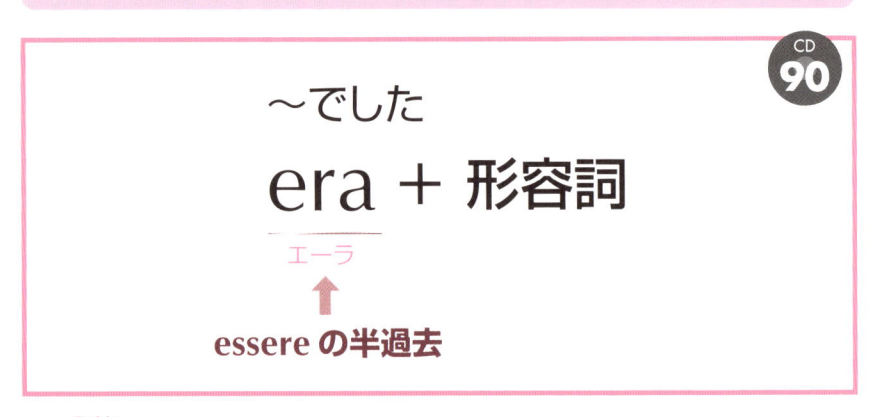

~でした
era ＋ 形容詞
エーラ
↑
essere の半過去

---

essere（~である）などの動詞を半過去の活用形にして、形容詞を続けると、過去の状態を表すことができます。半過去の三人称単数 era と形容詞を組み合わせた表現を見てみましょう。

天気がよかった。

Il tempo	era	bello	.
イル テンポ	エーラ	ベッロ	
天気	~でした	よい	

※「天気が悪かった」という場合は、形容詞 cattivo［カッティーヴォ］（悪い）を使います。

気候を表す場合

気候を表す場合は、動詞 essere ではなく fare を使います。
ファーレ

Faceva ┬ caldo. ＝暑かった。
ファチェーヴァ │ カルド
         └ freddo. ＝寒かった。
           フレッド

※ faceva は fare の半過去、三人称単数の活用形です。

🔑 キーワード
Parole chiave 過去の状態

CD 91

era のあとに形容詞を続けて、いろいろな過去の状態を表してみましょう。

■曇った

Era + **nuvoloso** .
エーラ　　ヌヴォローゾ

※天気を表す場合、通常主語は省略されます。また、「雨」「雪」の場合は era は使わず、動詞の活用形 pioveva [ピョヴェーヴァ]（雨が降った）、nevicava [ネヴィカーヴァ]（雪が降った）のみで表します。

＝曇りでした。

■大きい

La camera **era** + **grande** .
ラ　カーメラ　エーラ　　グランデ

＝部屋は大きかった。

※「小さかった」という場合は、形容詞 piccola [ピッコラ] を使います。

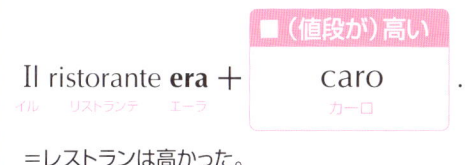

■（値段が）高い

Il ristorante **era** + **caro** .
イル　リストランテ　エーラ　　カーロ

※「高くなかった」という場合は、era の前に否定の non [ノン] を置きます。

＝レストランは高かった。

最上級の作り方

形容詞や副詞の語尾を -issimo にすれば、度合いや程度がとても高いことを表す最上級になります。

※語尾が -o の形容詞（p.28参照）と同様、-issimi（男性・複数）、-issima（女性・単数）、-issime（女性・複数）と語尾変化します。

ワインが最高においしかった！
Il vino era buonissimo!
イル　ヴィーノ　エーラ　ブオニッスィモ

ピザが最高においしかった！
La pizza era buonissima!
ラ　ピッツァ　エーラ　ブオニッスィマ

PARTE 5　いろいろな場面で使える！目的別フレーズ

131

おさらい練習問題

① potere、volere、dovere のいずれか適切なものを正しい活用形にして、空欄に記入してください。

☐ riscaldare, per favore?
（温めていただけますか？）

Dove ☐ scendere?
（どこで降りればいいですか？）

☐ prenotare una camera.
（部屋を予約したいのですが）

☐ assaggiare? （味見してもいいですか？）

② piace、piacciono のどちらか適切なほうを、空欄に記入してください。

Mi ☐ gli spaghetti.
（私はスパゲティが好きです）

Mi ☐ il gelato.
（私はジェラートが好きです）

③ 過去形の文が完成するよう、左右を線でつないでください。

Ho •　　　　　• andati a Roma.

Siamo •　　　　• studiato italiano.

Faceva •　　　　• mangiato benissimo.

Era •　　　　　• caldo.

Abbiamo •　　　• andato in Sicilia.

Sono •　　　　　• nuvoloso.

解答：① Puo／devo／Vorrei／Posso　② piacciono／piace
③ Ho studiato italiano.＝私はイタリア語を勉強しました。／
Siamo andati a Roma.＝私たちはローマに行きました。／
Faceva caldo.＝暑かった。／Era nuvoloso.＝曇りでした。／
Abbiamo mangiato benissimo.＝私たちはとてもおいしく食べました。／
Sono andato in Sicilia.＝私はシチリアに行きました。

PARTE 5　いろいろな場面で使える！目的別フレーズ

付録① 動詞活用表

　動詞は主語の人称と数によって変化しますが、原形の語尾で3つに分かれるグループごとにパターンが異なり、不規則に活用する動詞もあります。

　よく使う動詞の活用形をまとめましたので、現在形は io/tu/noi から少しずつ覚えていきましょう。

現在形の活用

essere 〜である （エッセレ） — 不規則変化

io **sono** オーノ	noi **siamo** スィアーモ
tu **sei** セーイ	voi **siete** スィエーテ
lui/lei **è** エ	loro **sono** ソーノ

avere 〜を持っている （アヴェーレ） — 不規則変化

io **ho** オ	noi **abbiamo** アッビャーモ
tu **hai** アーイ	voi **avete** アヴェーテ
lui/lei **ha** ア	loro **hanno** アンノ

mangiare 食べる （マンジャーレ） — 規則変化

io **mangio** マンジョ	noi **mangiamo** マンジャーモ
tu **mangi** マンジ	voi **mangiate** マンジャーテ
lui/lei **mangia** マンジャ	loro **mangiano** マンジャノ

bere 飲む （ベーレ） — 不規則変化

io **bevo** ベーヴォ	noi **beviamo** ベヴィャーモ
tu **bevi** ベーヴィ	voi **bevete** ベヴェーテ
lui/lei **beve** ベーヴェ	loro **bevono** ベーヴォノ

dormire 寝る ドルミーレ （規則変化）

io **dormo** ドルモ	noi **dormiamo** ドルミャーモ
tu **dormi** ドルミ	voi **dormite** ドルミーテ
lui/lei **dorme** ドルメ	loro **dormono** ドルモノ

fare する、作る ファーレ （不規則変化）

io **faccio** ファッチョ	noi **facciamo** ファッチャーモ
tu **fai** ファーイ	voi **fate** ファーテ
lui/lei **fa** ファ	loro **fanno** ファンノ

partire 出発する パルティーレ （規則変化）

io **parto** パルト	noi **partiamo** パルティャーモ
tu **parti** パルティ	voi **partite** パルティーテ
lui/lei **parte** パルテ	loro **partono** パルトノ

finire 終わる、終える フィニーレ （不規則変化）

io **finisco** フィニスコ	noi **finiamo** フィニャーモ
tu **finisci** フィニッシ	voi **finite** フィニーテ
lui/lei **finisce** フィニッシェ	loro **finiscono** フィニスコノ

andare 行く アンダーレ （不規則変化）

io **vado** ヴァード	noi **andiamo** アンディャーモ
tu **vai** ヴァーイ	voi **andate** アンダーテ
lui/lei **va** ヴァ	loro **vanno** ヴァンノ

venire 来る ヴェニーレ （不規則変化）

io **vengo** ヴェンゴ	noi **veniamo** ヴェニャーモ
tu **vieni** ヴィエーニ	voi **venite** ヴェニーテ
lui/lei **viene** ヴィエーネ	loro **vengono** ヴェンゴノ

付録① 動詞活用表

studiare 勉強する
ストゥディアーレ
規則変化

io **studio** ストゥディオ	noi **studiamo** ストゥディアーモ
tu **studi** ストゥディ	voi **studiate** ストゥディアーテ
lui/lei **studia** ストゥディア	loro **studiano** ストゥディアノ

vedere 見る
ヴェデーレ
不規則変化

io **vedo** ヴェード	noi **vediamo** ヴェディアーモ
tu **vedi** ヴェーディ	voi **vedete** ヴェデーテ
lui/lei **vede** ヴェーデ	loro **vedono** ヴェードノ

comprare 買う
コンプラーレ
規則変化

io **compro** コンプロ	noi **compriamo** コンプリアーモ
tu **compri** コンプリ	voi **comprate** コンプラーテ
lui/lei **compra** コンプラ	loro **comprano** コンプラノ

potere ～できる
ポテーレ
不規則変化

io **posso** ポッソ	noi **possiamo** ポッスィアーモ
tu **puoi** プオーイ	voi **potete** ポテーテ
lui/lei **può** プオー	loro **possono** ポッソノ

dovere ～しなくてはならない
ドヴェーレ
不規則変化

io **devo** デーヴォ	noi **dobbiamo** ドッビャーモ
tu **devi** デーヴィ	voi **dovete** ドヴェーテ
lui/lei **deve** デーヴェ	loro **devono** デーヴォノ

volere ～したい
ヴォレーレ
不規則変化

io **voglio** ヴォッリョ	noi **vogliamo** ヴォッリャーモ
tu **vuoi** ヴオーイ	voi **volete** ヴォレーテ
lui/lei **vuole** ヴオーレ	loro **vogliono** ヴォッリョノ

近過去の活用

助動詞 avere を使って

io **ho**
tu **hai**
lui/lei **ha**
noi **abbiamo**
voi **avete**
loro **hanno**

+

- 食べた (mangiare の過去分詞) **mangiato** マンジャート
- 飲んだ (bere の過去分詞) **bevuto** ベヴート
- 寝た (dormire の過去分詞) **dormito** ドルミート
- 〜した、作った (fare の過去分詞) **fatto** ファット
- 見た (vedere の過去分詞) **visto** ヴィスト
- 勉強した (studiare の過去分詞) **studiato** ストゥディアート

- 行った (andare の過去分詞)

助動詞 essere を使って

主語が男性の場合

io **sono**
tu **sei**
lui **è**
+ **andato** アンダート

noi **siamo**
voi **siete**
loro **sono**
+ **andati** アンダーティ

主語が女性の場合

io **sono**
tu **sei**
lei **è**
+ **andata** アンダータ

noi **siamo**
voi **siete**
loro **sono**
+ **andate** アンダーテ

半過去の活用

- 〜だった (essere の半過去)

io **ero** エーロ	noi **eravamo** エラヴァーモ
tu **eri** エーリ	voi **eravate** エラヴァーテ
lui/lei **era** エーラ	loro **erano** エラノ

付録① 動詞活用表

付録②
単 語 帳

野菜
verdura

- ☐ トマト　　pomodoro
- ☐ ナス　　　melanzana
- ☐ カボチャ　zucca
- ☐ ズッキーニ　zucchini 🔴
- ☐ ブロッコリー　broccoli 🔴
- ☐ カリフラワー　cavolfiore
- ☐ アスパラガス　asparagi 🔴
- ☐ ホウレン草　spinaci 🔴
- ☐ パセリ　　prezzemolo
- ☐ セロリ　　sedano
- ☐ レタス　　lattuga
- ☐ キャベツ　cavolo
- ☐ ピーマン　peperone
- ☐ ニンジン　carota
- ☐ ジャガイモ　patata
- ☐ タマネギ　cipolla
- ☐ 長ネギ　　porro
- ☐ 豆　　　　fagioli 🔴
- ☐ そら豆　　fave 🔴
- ☐ インゲン豆　fagiolini 🔴
- ☐ エンドウ豆　piselli 🔴
- ☐ キノコ　　funghi 🔴
- ☐ ニンニク　aglio
- ☐ オレガノ　origano
- ☐ ケーパー　capperi 🔴

果物
frutta

- ☐ リンゴ　　mela
- ☐ 洋梨　　　pera
- ☐ オレンジ　arancia
- ☐ ミカン　　mandarino
- ☐ レモン　　limone
- ☐ イチゴ　　fragola
- ☐ サクランボ　ciliegia
- ☐ イチジク　fico
- ☐ メロン　　melone
- ☐ スイカ　　anguria/cocomero
- ☐ ブドウ　　uva
- ☐ 桃　　　　pesca
- ☐ 杏　　　　albicocca
- ☐ パイナップル　ananas

肉
carne

- 仔牛肉　vitello
- 牛肉　manzo
- 豚肉　maiale
- 鶏肉　pollo
- 仔羊肉　agnello
- 兎肉　coniglio
- 猪肉　cinghiale

魚介類
pesce e frutti di mare

- アサリ　vongole
- ムール貝　cozze
- カキ　ostriche
- 甲イカ　seppia
- ヤリイカ　calamari
- タコ　polpo
- エビ　gamberi
- 伊勢エビ　aragosta
- カニ　granchio
- ウナギ　anguilla
- アンチョビ　acciughe
- イワシ　sarde
- スズキ　spigola
- クロダイ　orata
- 舌平目　sogliola
- タラ　merluzzo
- マグロ　tonno
- メカジキ　pesce spada

調味料
condimenti

- 塩　sale
- コショウ　pepe
- 唐辛子　peperoncino
- オリーブオイル　olio di oliva
- ヴィネガー　aceto
- バルサミコ酢　aceto balsamico

テーブル関連
tavolo

- テーブルクロス　tovaglia
- ナプキン　tovagliolo
- グラス　bicchiere
- ティースプーン　cucchiaino
- スプーン　cucchiaio
- フォーク　forchetta
- ナイフ　coltello
- 皿　piatto
- 小皿　piattino

付録② 単語帳

ノンアルコール
non alcolici

- [ ] エスプレッソ　　　caffè
    - ミルク入り〜　　　〜macchiato
    - アルコール入り〜　〜corretto
    - ロング〜　　　　　〜lungo
    - ダブル〜　　　　　〜doppio

★普通より長く抽出してお湯で薄めた「ロングエスプレッソ」はマイルドな味わい。「ダブルエスプレッソ」は2杯分のエスプレッソです。

- [ ] コーヒー　　　　　caffè americano
- [ ] カプチーノ　　　　cappuccino
- [ ] カフェオレ　　　　caffellatte
- [ ] 紅茶　　　　　　　tè
- [ ] ホットチョコレート　cioccolata calda
    - 生クリーム　　　　〜con panna
      トッピングの〜
- [ ] 果物のジュース　　succo di frutta
- [ ] 生ジュース　　　　spremuta
    - オレンジの〜　　　〜di arancia
    - グレープ　　　　　〜di pompelmo
      フルーツの〜
    - レモンの〜　　　　〜di limone
- [ ] ミネラルウォーター　acqua minerale
    - ガス入りの〜　　　〜con gas
    - ガスなしの〜　　　〜senza gas
- [ ] 氷　　　　　　　　ghiaccio
- [ ] 砂糖　　　　　　　zucchero
- [ ] ミルク　　　　　　latte

アルコール
alcolici

- [ ] ビール　　　　　　birra
- [ ] 生ビール　　　　　birra alla spina
- [ ] 白ワイン　　　　　vino bianco
    - 辛口の〜　　　　　〜secco
    - 甘口の〜　　　　　〜dolce
- [ ] 赤ワイン　　　　　vino rosso
- [ ] 発泡性ワイン　　　spumante

★secco/dolce（辛口の/甘口の）は、「赤ワイン」「発泡性ワイン」のあとに続けてもOK。

軽食/おつまみ
spuntino/stuzzichini

- [ ] クロワッサン　　　cornetto
    - クリーム入り〜　　〜con crema
    - ジャム入り〜　　　〜con marmellata
    - 何も入って　　　　〜semplice
      いない〜
- [ ] デニッシュ　　　　pasta alla crema
- [ ] パニーニ　　　　　panino
- [ ] サンドイッチ　　　tramezzino
- [ ] ホットサンド　　　toast
- [ ] ポテトチップ　　　patatine 🔊
- [ ] 黒いオリーブの実　olive nere 🔊
- [ ] 緑のオリーブの実　olive verdi 🔊

おみやげ
souvenir

- ランチョンマット　tovaglietta
- ネクタイ　cravatta
- マフラー　sciarpa
- レース　merletto
- 本　libro
- レシピ本　libro di ricette
- 写真集　libro fotografico
- 漫画　fumetto
- 絵　disegno
- イラスト　illustrazione
- 絵画　quadro
- サッカーのユニフォーム　uniforme di calcio
- ステッカー　adesivo
- マグネット　magnete
- コーヒーメーカー　caffettiera/moca
- ヴェネツィアングラス　vetro veneziano
- レモンリキュール　limoncello

素材
materiali

- 木綿　cotone
- ウール　lana
- 絹　seta
- 麻　lino
- ナイロン　nylon
- 革　pelle
- スエード　pelle scamosciata

革製品
articoli di pelle

- 財布　portafoglio
- 小銭入れ　portamonete
- ベルト　cintura
- 手袋　guanti
- ジャケット　giacca
- 靴　scarpe
- かばん　borsa
- ハンドバッグ　borsetta

アクセサリー
accessori

- ネックレス　collana
- ペンダント　pendente/ciondolo
- ブローチ　spilla
- ピアス　orecchini
- イヤリング　orecchini a clip
- 指輪　anello

付録② 単語帳

街
città

- ☐ 橋　ponte
- ☐ 教会　chiesa
- ☐ 薬局　farmacia
- ☐ たばこ屋　tabaccheria
- ☐ 広場　piazza
- ☐ 噴水、泉　fontana

☐ レストラン	ristorante		☐ 市場	mercato
☐ ホテル	albergo		☐ 観光案内所	ufficio turistico
☐ 銀行	banca		☐ 旧市街	centro storico
☐ 郵便局	ufficio postale/posta		☐ 大聖堂	duomo
☐ 病院	ospedale		☐ 庭園	parco
☐ 警察署	polizia		☐ 美術館	museo
☐ 日本大使館	Ambasciata del Giappone		☐ 劇場	teatro

体の部位
parti del corpo

① 頭	testa	④ 耳	orecchio	⑦ 歯	denti
② 髪	capelli	⑤ 鼻	naso	⑧ 唇	labbro
③ 目	occhio	⑥ 口	bocca	⑨ のど	gola

⑩ 首	collo	⑮ 胸	petto	⑳ ひざ	ginocchio
⑪ 肩	spalla	⑯ 腹	pancia	㉑ 足	piede
⑫ 腕	braccio	⑰ 指	dito	㉒ 背中	schiena
⑬ ひじ	gomito	⑱ 爪	unghia	㉓ 腰	schiena
⑭ 手	mano	⑲ 脚	gamba	㉔ お尻	sedere

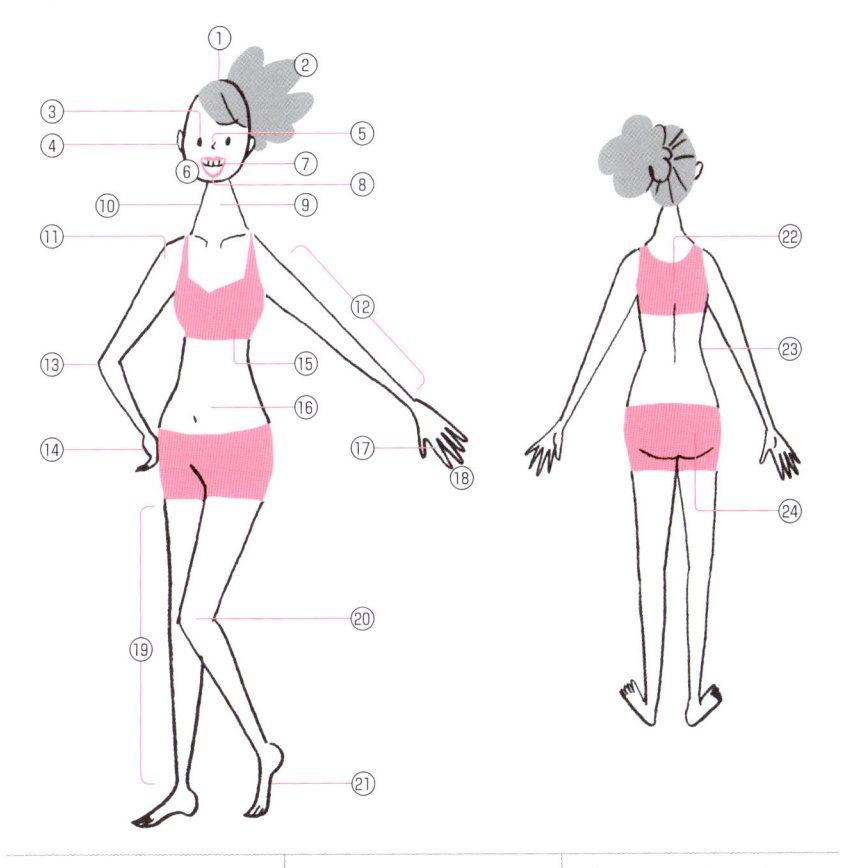

●著者
Antonio Maizza（アントニオ・マイッツァ）

1969年生まれ。イタリア・プーリア州出身。8歳のときに自国で見た日本のテレビアニメをきっかけに14歳から日本語を独学する。97年からローマで日本語通訳ガイドを務め、2004年の来日後、日本語能力試験1級に合格。
東京イタリア文化会館、星美学園短期大学、目白大学、イタリア語会話カリメロでイタリア語講師を務めるほか、NHK「テレビでイタリア語」のナレーションなど活動は多岐にわたる。

○著書
『らくらくマスターイタリア語 教科用（共著）』（郁文堂）
○監修書
『イタリア語会話55の鉄則表現』（三修社）
『家庭教師ヒットマンREBORN!』（集英社） ※イタリア語監修

ブログ http://profile.ameba.jp/antonio-maizza/

聴ける! 読める! 書ける! 話せる!
イタリア語初歩の初歩

著　者　Antonio Maizza
発行者　高橋秀雄
編集者　原田幸雄
発行所　高橋書店
〒112-0013　東京都文京区音羽1-26-1
編集 TEL 03-3943-4529 / FAX 03-3943-4047
販売 TEL 03-3943-4525 / FAX 03-3943-6591
振替 00110-0-350650
http://www.takahashishoten.co.jp/

ISBN978-4-471-11303-2
© TAKAHASHI SHOTEN　Printed in Japan
定価はカバーに表示してあります。本書の無断複写は著作権法上での例外を除き禁止されています。本書のいかなる電子複製も購入者の私的使用を除き一切認められておりません。
また本書および付属のディスクの内容を、小社の承諾を得ずに複製、転載、放送、上映することは法律で禁止されています。無断の改変や、第三者への譲渡、販売（パソコンによるネットワーク通信での提供なども含む）、貸与および再使用許諾も禁じます。

造本には細心の注意を払っておりますが万一、本書および付属品にページの順序間違い・抜けなど物理的欠陥があった場合は、不良事実を確認後お取り替えいたします。下記までご連絡のうえ、必ず本書と付属ディスクを併せて小社へご返送ください。ただし、古書店等で購入・入手された商品の交換には一切応じません。

※本書についての問合せ　土日・祝日・年末年始を除く平日9：00～17：30にお願いいたします。
　内容・不良品／☎03-3943-4529（編集部）
　在庫・ご注文／☎03-3943-4525（販売部）

※図書館の方へ　付属ディスクの貸出しは不可とし、視聴は館内に限らせていただいております。